Henry Weston Eve, M. François Guizot

Discours sur l'histoire de la révolution d'Angleterre

Henry Weston Eve, M. François Guizot

Discours sur l'histoire de la révolution d'Angleterre

ISBN/EAN: 9783337231156

Printed in Europe, USA, Canada, Australia, Japan

Cover: Foto ©ninafisch / pixelio.de

More available books at **www.hansebooks.com**

Pitt Press Series

DISCOURS

SUR L'HISTOIRE DE

LA REVOLUTION D'ANGLETERRE

BY

F. P. G. GUIZOT

EDITED

WITH INTRODUCTION AND NOTES

BY

H. W. EVE, M.A.

LATE FELLOW OF TRINITY COLLEGE, CAMBRIDGE,
HEAD MASTER OF UNIVERSITY COLLEGE SCHOOL, LONDON.

EDITED FOR THE SYNDICS OF THE UNIVERSITY PRESS.

CAMBRIDGE:
AT THE UNIVERSITY PRESS.
1894

Cambridge:
PRINTED BY C. J. CLAY, M.A. AND SONS,
AT THE UNIVERSITY PRESS.

PREFACE.

M. GUIZOT'S *Discours*, published in 1850 as an introduction to a new edition of his *Histoire de la Révolution d'Angleterre*, is perhaps one of the best summaries of an eventful period of English History, though not always in accordance with the views of later historians. It may, I think, be read with advantage as a schoolbook when the period of which it treats happens to be the subject for the year. In preparing the notes to this edition I have again to acknowledge my great obligations to my friends Mr Edy de Chemendy and Mr A. W. W. Dale. I am also much indebted to Mrs Austin's excellent translation (Murray, 1850), which is always well expressed and generally correct.

February, 1894.

INTRODUCTION[1].

Early Life of M. Guizot.

FRANÇOIS PIERRE GUILLAUME GUIZOT was born at Nîmes in 1787. Both his parents belonged to Protestant families of good standing and tried consistency. His father, a rising barrister, was an enthusiastic supporter of the Revolution in its earlier stages, but was disgusted by the excesses of the Jacobins. He was arrested and executed in 1794. In 1799 Mme Guizot, finding the educational resources of Nîmes inadequate, removed to Geneva with her sons. There young Guizot received an excellent training. In 1805 he went to Paris to study law, and eked out his scanty resources by acting as tutor in the family of M. Stapfer and by writing for the newspapers. He had the good fortune in 1809 to attract the notice of the foremost man of letters of the time, M. de Chateaubriand, by a review of *Les Martyrs*. Two or three years later he published a translation of Gibbon's *Decline and Fall of the Roman Empire*, with notes which still find a place in the best English editions. In 1812 he married Mlle de Meulan, a lady of considerable literary reputation, who was some fourteen years his senior. In the same year he was appointed by M. de Fontanes, Grand Master

---

[1] Compiled from Mr Reeve's article on Guizot in the *Encyclopædia Britannica*, Mme de Witt's *M. Guizot dans sa famille*, Mill's *Dissertations and Discussions*, Ste-Beuve's essays in *Causeries du Lundi I.* and *Nouveaux Lundis I.*, and Gidel's *Littérature Française*.

of the University, the friend of Chateaubriand, and himself a poet, to the newly established chair of modern history at the Sorbonne. Even at this early age—he was only 25—he gave proof of his independence of character. Fontanes almost ordered him to insert in his inaugural lecture the customary panegyric on the Emperor. "Non, je ne le ferai pas," replied Guizot, "reprenez la chaire que vous m'avez donnée ; je n'aime pas l'empereur, je ne le louerai pas." Fontanes, who was a good-natured man, eventually gave in, remarking "Comme ces protestants sont entêtés ; je m'en tirerai comme je pourrai."

Political career up to 1830.

Guizot's professorship brought him into close relations with Royer-Collard, who occupied the chair of philosophy, and who was one of the leaders of the moderate liberal party then forming. To his colleague's influence he expresses himself deeply indebted. Both men were opposed alike to absolutism and to extreme democracy, and sought their ideal of government in a limited monarchy after the English type. It was not long before they had an opportunity of putting their views in practice. In 1814, Louis XVIII. was placed on the throne, not without being compelled to grant a charter which secured at least some liberties to his subjects. Royer-Collard came into office, and on his recommendation Guizot, then only 27, was made chief secretary to the Ministry of the Interior (Home-Office). He resigned at the beginning of the Hundred Days. The liberal party made overtures to Louis, who had taken refuge at Ghent, and Guizot was deputed to press upon him the necessity of frankly adopting a constitutional policy in the event of his return. The Second Restoration (1815) replaced him in office for a short time as secretary to the Ministry of Justice. In 1819 he returned to the Ministry of the Interior under the short-lived Liberal administration of Duc Decazes. It was not till 1830 that he entered the Chamber as representative of Lisieux. It was a critical moment ; the Polignac ministry had just entered on the fatal policy of repression which soon brought about the July Revolution.

The Doctrinaires.

Throughout the Restoration period, Guizot was an important member of a group of eminent men who laboured hard to keep in check the absolutist tendencies of the restored monarchy and to make the charter of Louis XVIII. a reality. The party, of which the leader was Royer-Collard, and which included the Duc de Broglie, Duc Decazes, M. Villemain, M. Duvergier de Hauranne, and other men of high character and attainments, were known as the *doctrinaires*. The name was originally fastened upon Royer-Collard by a French newspaper published in Belgium, *Le nain jaune réfugié*, and was not unreasonably applied to the advocates of a well-matured, but somewhat rigid system of political dogma. Their cardinal doctrine was that of the *juste milieu*, the reconciliation of the traditional monarchy with some, at least, of the ideas of modern liberalism. "Adhering," says Mr Reeve, "to the great principles of liberty "and toleration, they were sternly opposed to the anarchical "traditions of the Revolution. They knew that the elements of "anarchy were still subsisting in the country; these they hoped "to subdue, not by reactionary measures, but by the firm "application of the power of a limited monarchy, based on the "suffrages of the middle class and defended by the highest "literary talent of the times. Their motives were honourable. "Their views were philosophical. But they were opposed alike "to the democratical spirit of the age, to the military traditions "of the empire, and to the bigotry and absolutism of the court. "The fate of such a party might be foreseen. They lived by a "policy of resistance; they perished by another revolution. "They are remembered more for their constant resistance to "popular demands than by the services they undoubtedly "rendered to temperate freedom."

Literary activity from 1812 *to* 1830.

Guizot's efforts as a leader of the *doctrinaires* by no means occupied all his time and thought. His studies and lectures as a professor of history during this period were of the utmost value. He lectured on the history of representative government, and published a voluminous series of memoirs bearing on the histories of France and of England. But his great work, obviously suggested by his study of Gibbon, was to trace the general principles and laws under which modern society had been developed out of the ruins of the Roman Empire. Some of his earlier lectures, delivered before his professorship was suppressed by the reactionary government, are embodied in his *Essays on the History of France*; his maturer thoughts were given to the world in the brilliant discourses of 1828, 1829 and 1830, published under the title of the *History of Civilization in Europe* and the *History of Civilization in France*. No doubt he was influenced by the reaction against the clean sweep of the past made by the Revolution, which led Chateaubriand and after him the Romanticists to the study of the Middle Ages, and he was anxious to bring out in the history of France that continuity which is so conspicuous in the history of England. But what gives the greatest value to his work is the systematizing tendency which prefers the high-roads of history to its by-paths, and which seeks everywhere the solution of historical problems rather in the operation of general laws than in isolated events and the influence of individual actors. He was, in fact, one of the founders of modern philosophical history[1]. Another work of this period, still more closely connected with his political aims, was his *History of the English Revolution*, published in 1826, while his professorship was in abeyance. His Calvinistic training had especially fitted him to sympathize with the English Puritans, and his enthusiasm for the *juste*

---

[1] A full examination of these works will be found in J. S. Mill's *Dissertations and Discussions*, Vol. II.

milieu made him anxious to put before his countrymen the object-lesson of a revolution differing so widely from their own both in its methods and its results.

The Doctrinaires in office.

During the next eighteen years Guizot's career is closely identified with the history of France. In July 1830 appeared the ordinances of St Cloud, restricting the liberty of the press and narrowing the electorate. The protest of the liberal deputies against them was drawn up by Guizot. But events moved quickly. Within two or three days came the July Revolution, to be immediately followed by the abdication of Charles X., and the establishment of Louis Philippe, first as Lieutenant-General, and then as King. Guizot was included in his first short-lived administration as Minister of the Interior; in the second, that of Casimir Périer, which gave the keynote to the whole reign, by inaugurating a policy of resistance to popular demands at home, and of peace at any price abroad, he was not included. In power the *doctrinaires* were less successful than in opposition. From the first the new régime was out of touch with the nation; the main object of the government was to prove to Europe that it had no revolutionary tendencies; a large part of the nation had very different aspirations. "Il faut être national et fort, avant tout et tout de "suite." So ran the *programme de la jeunesse*. France was to recover her position as a great military power, and the democratic gains of the Great Revolution, so long in abeyance, were to be secured. Some lines of Béranger, written in January 1831, describe feelings to which Louis Philippe's ministers, for the most part, remained indifferent.

> Je croyais qu'on allait faire
> Du grand et du neuf;
> Même étendre un peu la sphère
> De Quatre-vingt-neuf:
> Mais point! on rebadigeonne
> Un trône noirci.

* * * * * *

> La planète doctrinaire
>   Qui sur Gand brillait[1],
> Vent servir de luminaire
>   Aux gens de juillet.
> Fi d'un froid soleil d'automne
>   De brume obscurci !

Guizot's Career as a Minister.

In 1832 Casimir Périer died; personal rivalries were for a time laid aside, and the strongest and best ministry of Louis Philippe's reign (*de grande coalition*) was formed under the presidency of Marshal Soult. Besides Guizot and the Duc de Broglie, the Whig peer *par excellence*, it included M. Thiers, the advocate of liberal measures at home and of a spirited policy abroad. Guizot's office was the ministry of Public Instruction, in which his services both to primary and to higher education were considerable. It was scarcely possible for the two rivals to work permanently together; in 1836, Thiers formed a new cabinet (*de déviation*, Guizot calls it) and attempted in vain to interfere in Spanish affairs. Before the end of the year he was replaced by Molé, under whom Guizot served for a short time. Molé's administration was upset in 1839 by a combination between Guizot and Thiers. Neither took office immediately, but Guizot was appointed Ambassador to England in 1840, and Thiers soon afterwards became minister for foreign affairs. In England Guizot received a warm welcome, to which his literary achievements, his personal character, his known interest in English history, and his earnest desire to maintain the *entente cordiale* between the two nations alike contributed. But his position as ambassador was a difficult one, especially for a novice in diplomacy. Thiers's action in the Syrian question all but brought about a war between England and France, and before the end of 1840 Guizot was summoned back to France to take the post of foreign minister. From this time till the Revolution of 1848 he was practically the leading spirit

---

[1] An allusion to M. Guizot's visit to Ghent, p. viii.

of the French cabinet. During this period his domestic policy continued to be of a narrow conservative type, tending to the increase of the prerogative and the repression of popular aspirations for an extension of the suffrage and for other reforms. The electorate included only a quarter of a million out of the 34,000,000 inhabitants of France, and both the system of election and the general administration were marked by corruption and other abuses. In fact, not merely the ministry, but the Chamber itself, where Guizot's eloquence was all-powerful, was out of touch with the country. The real glory of his administration was the maintenance of peace, especially with England. To this his friendship with Lord Aberdeen, who was foreign minister in Sir Robert Peel's cabinet from 1841 to 1846, largely contributed. Guizot's relations with Lord Palmerston, who was in office at the beginning of his administration and again in 1846, were by no means cordial. In that year the relations between the two countries became very much strained owing to a sordid intrigue of Louis Philippe as to the marriage of the young Queen of Spain, to which Guizot unfortunately lent himself. In February 1848 the end came. The spread of Socialistic doctrines, the triumph of the radicals in Switzerland, the discontent engendered by two years of scarcity, and the king's outspoken denunciation of all plans of reform, brought to a head the growing dissatisfaction of many years and a slight *émeute* developed into a Revolution. Louis Philippe abdicated, and took refuge in England, and his minister also found his way to our hospitable shores. It is idle to speculate on what might have been, but it seems not impossible that, had M. Guizot combined genuine popular sympathies with his stainless character, his splendid abilities and his love of peace, France might have been spared the demoralizing experience of the Second Empire and its disastrous close.

Later Life, 1848—1874.

Guizot was as warmly welcomed in England in 1848, as he had been in 1840. His exile lasted only about a year; he utilized his residence here to resume his literary work on the English Revolution. Before the end of 1849 appeared his pamphlet *De la Démocratie en France*, and early in 1850 the *Discours* which forms this volume. Just as his History in 1826 and 1827 had been intended as a lesson to sovereigns, so the *Discours* was meant to serve as a lecture to democracies. In the course of 1850 he returned to France, and stood unsuccessfully as candidate for the Chamber for the department of Calvados. This was practically the end of his political career; the remainder of his life was passed in retirement at Val Richer near Lisieux. Though chiefly occupied in literary work, he retained his influence in the Academy and the other literary societies and continued to the end of his life a prominent member of the Consistory of the French Protestant Church, where he was the mainstay of the conservative party. In 1851 appeared his life of Monk, a subject singularly well suited, from his point of view, to the then condition of France. "On dirait," he says in the preface, "que mon pays se considère comme le "grand laboratoire de la civilisation du monde......Ce n'est pas "assez que la France ne roule plus dans l'abîme : il faut que "l'abîme se ferme et que la France se relève. Washington[1] ou "Monk, il lui faut l'un des deux pour se relever." The *Life of Monk* was followed by a volume of biographies of other actors in the English Revolution, and in 1854—1856 by the four volumes which carried the history commenced in 1826 down to the Restoration. Among his later works are *Mémoires pour servir à l'histoire de mon temps*, and *Histoire de France racontée à mes petits-enfants*, on which he was occupied at the time of his death in 1874. He died quite peacefully at the age of 86. No doubt he was wanting in the open mind and the sympathy with popular aspirations which characterize the greatest states-

---

[1] He had previously written a short life of Washington.

men, and at times he condescended to govern by corrupt instruments and to sanction low intrigues. But he consistently supported as a public man the principles which he had gathered from the study of history; he left office as poor as he entered it; and, after years of supreme power, he returned to literature, and indeed to living by his pen, as uncomplainingly as he had, many years before, relinquished his studies for the cares of political life.

The "Discours."—Guizot's Style.

The *Discours* appeared in 1850, less than two years after M. Guizot's fall. We have the good fortune to possess a contemporary criticism of it from the pen of M. Ste-Beuve[1]. He begins by calling attention to the second title "*Pourquoi la Révolution d'Angleterre a-t-elle réussi?*" as naturally suggesting another question "Pourquoi la Révolution de France a-t-elle échoué jusqu'ici?" In the course of the essay he points out that the author fails to see the difference between England and France, and that, as in all his writings, the tendency to look for general causes is exaggerated, though the subject is one that lends itself better than most periods of history to such a treatment. In particular, he objects to his habit of appealing to Providence, as though he were himself behind the scenes. "Il était trop tôt," says Guizot, "Dieu commençait seulement à exercer ses justices et à donner ses leçons." "Qu'en savez-vous?" is the natural rejoinder. One or two incidental remarks of Ste-Beuve may be quoted. Apropos of Guizot's "cocksureness," if one may use the phrase, he says "ce qu'il sait de ce matin, il a l'air de le savoir de toute éternité," quoting by way of contrast the epigrammatic description of Joinville, "les choses du monde sont nées pour lui seulement du jour où il les voit." Of our author's style he says "c'est sur le marbre de la tribune qu'il a achevé de polir son style." Ste-Beuve, it may be added, takes a more favourable view of

[1] *Causeries du Lundi*, Vol. 1.

Guizot as a man of letters than some other critics do; the romanticists called his style *pâteux*, and M. E. Schérer goes so far as to say, "M. Guizot n'a jamais été un écrivain, ou, si l'on aime mieux, il n'a été que le premier des écrivains qui ne savent pas la langue." This rouses Ste-Beuve's indignation, and he appeals in reply to the brilliant character-sketches with which the *Mémoires pour servir* abound. Some of his earlier work is, no doubt, deficient both in finish and in descriptive power; even the present essay now and then furnishes an illustration of the maxim, "tout ce qui n'est pas clair n'est pas français."

DISCOURS SUR L'HISTOIRE

DE

LA RÉVOLUTION D'ANGLETERRE.

CHAPTER I.

THE PARLIAMENTARY STRUGGLE.

La révolution d'Angleterre a réussi. Elle a réussi deux fois. Ses auteurs ont fondé en Angleterre la monarchie constitutionnelle ; ses descendants ont fondé, en Amérique, la république des États-Unis. Ces grands événements n'ont maintenant plus d'obscurités ; avec la sanction du 5 temps, ils ont reçu ses lumières. La France est entrée, il y a soixante ans, et l'Europe se précipitait hier dans les voies que l'Angleterre a ouvertes. Je voudrais dire quelles causes ont donné, en Angleterre à la monarchie constitutionnelle, et dans l'Amérique anglaise à la république, le solide succès 10 que la France et l'Europe poursuivent jusqu'ici vainement, à travers ces mystérieuses épreuves des révolutions qui, bien ou mal subies, grandissent ou égarent pour des siècles les

C'est au nom de la foi et de la liberté religieuse qu'a commencé, au XVIe siècle, le mouvement qui, depuis cette époque, quelquefois suspendu mais toujours renaissant, agite et emporte le monde. La tempête s'est élevée d'abord dans
5 l'âme humaine ; elle a atteint l'Église avant l'État.

On a dit que le protestantisme avait été une révolution plus politique, au fond, que religieuse ; une insurrection, au nom d'intérêts mondains, contre l'ordre établi dans l'Église, plutôt que l'élan d'une croyance, au nom des intérêts
10 éternels de l'homme. C'est juger légèrement et sur les apparences ; et cette erreur a entraîné dans une conduite à eux-mêmes fatale les pouvoirs, spirituels ou temporels, qui s'en sont laissé abuser. Préoccupés de réprimer l'élément révolutionnaire du protestantisme, ils en ont méconnu l'élé-
15 ment religieux. L'esprit de révolte est certes bien puissant, pas assez cependant pour accomplir à lui seul de telles choses. Ce n'était pas uniquement pour secouer un frein, c'était aussi pour professer et pratiquer une foi que la réforme du XVIe siècle a éclaté et persévéré. Après trois
20 siècles, un fait souverain, incontestable, le démontre avec éclat. Deux pays protestants, les plus protestants de l'Europe, l'Angleterre et la Hollande, sont aujourd'hui les deux pays où la foi chrétienne conserve le plus de vie et d'empire. Il faut ignorer étrangement la nature de l'homme
25 pour croire que la ferveur religieuse se fût ainsi soutenue et perpétuée, après le triomphe de l'insurrection, si le mouvement n'avait pas été, dans son principe, essentiellement religieux.

En Allemagne, au XVIe siècle, la révolution a été reli-
30 gieuse et point politique. En France, au XVIIIe, elle a été politique et point religieuse. Ce fut, au XVIIe siècle, la fortune de l'Angleterre que l'esprit de foi religieuse et l'esprit de liberté politique y régnaient ensemble, et qu'elle entre-

prit en même temps les deux révolutions. Toutes les grandes passions de la nature humaine se déployèrent ainsi sans qu'elle brisât tous ses freins, et les espérances comme les ambitions de l'éternité restèrent aux hommes quand ils crurent que leurs ambitions et leurs espérances de la terre étaient déçues.

Les réformateurs anglais, les politiques surtout, ne croyaient pas avoir besoin d'une révolution. Les lois, les traditions, les exemples, tout le passé de leur pays leur étaient chers et sacrés ; et ils y trouvaient le point d'appui de leurs prétentions comme la sanction de leurs idées. C'était au nom de la grande charte, et de tant de statuts qui, depuis quatre siècles, l'avaient confirmée, qu'ils réclamaient leurs libertés. Depuis quatre siècles, pas une génération n'avait passé sur le sol anglais sans prononcer le nom et sans voir la figure du parlement. Les grands barons et le peuple, les gentilshommes des campagnes et les bourgeois des villes, venaient ensemble, en 1640, non se disputer des conquêtes nouvelles, mais rentrer dans leur héritage commun ; ils venaient ressaisir des droits anciens, positifs, et non poursuivre les combinaisons et les expériences infinies, mais inconnues, de la pensée humaine.

Les réformateurs religieux n'entraient pas dans le long parlement de Charles Ier avec des prétentions aussi légales. L'Église épiscopale d'Angleterre, telle qu'elle avait été constituée, d'abord par le despotisme capricieux et cruel de Henri VIII, puis par le despotisme habile et persévérant d'Élisabeth, ne leur convenait point. C'était, à leurs yeux, une réforme incomplète, inconséquente, incessamment compromise par le péril du retour vers l'Église catholique dont elle restait trop près ; et ils méditaient, pour l'Église chrétienne de leur pays, une refonte nouvelle et une autre constitution. L'esprit révolutionnaire était là plus

ardent et plus avoué que dans le parti qui se préoccupait
surtout des réformes politiques. Cependant les novateurs
religieux eux-mêmes n'étaient pas tout à fait en proie aux
fantaisies de leur esprit. Ils avaient une ancre à laquelle
ils tenaient, une boussole à laquelle ils croyaient. L'Évangile était leur grande charte ; livrée, il est vrai, à leurs
interprétations et à leurs commentaires, mais antérieure et
supérieure à leur volonté ; ils la respectaient sincèrement, et
s'humiliaient, malgré leur orgueil, devant cette loi qu'ils
n'avaient point faite.

À ces gages de tempérance que trouvaient ainsi, dans les
dispositions de leurs propres partisans, les deux révolutions
qui commençaient, la Providence ajouta encore une faveur.
Elles ne furent point, dès leurs premiers pas, condamnées à
ce tort, qui devient bientôt un péril, d'attaquer spontanément, sans nécessité claire et pressante, un pouvoir doux
et inoffensif. Au XVIIe siècle, en Angleterre, le pouvoir
royal fut l'agresseur. Charles 1er, plein de prétentions
hautaines sans grande ambition, et plutôt pour ne pas
déchoir aux yeux des rois ses pareils que pour dominer
fortement son peuple, tenta deux fois de faire prévaloir les
maximes et les pratiques de la monarchie absolue : d'abord
en présence du parlement, et dominé lui-même par un favori
frivole et vain, dont l'inhabileté présomptueuse choquait le
bon sens et blessait l'honneur des plus obscurs citoyens ;
ensuite en repoussant tout parlement et en gouvernant seul,
par les mains d'un ministre énergique, habile, ambitieux et
impérieux avec grandeur, dévoué à son roi sans en être
bien compris ni bien soutenu, et qui apprit trop tard qu'il
ne suffit pas, pour sauver les rois, de se perdre noblement
soi-même en les servant.

Contre ce despotisme agressif, plus entreprenant que
fort, et qui attaquait également, dans l'État et dans l'Église,

les droits anciens et les libertés nouvelles que réclamait le pays, la pensée du pays n'allait point au delà de la résistance légale, et se confiait dans le parlement. La résistance y fut unanime autant que légitime. Les hommes les plus divers d'origine et de caractère, grands seigneurs, gentilshommes ou bourgeois, étrangers ou attachés à la cour, amis ou ennemis de l'Église établie, tous s'élevèrent d'un commun accord contre tant de griefs et d'abus ; et les abus tombèrent, les griefs disparurent, comme les murs vieillis d'une place abandonnée s'écroulent aux premiers coups des assaillants.

Dans cette explosion des colères et des espérances nationales, quelques esprits plus prévoyants, quelques consciences plus scrupuleuses ressentaient déjà quelque inquiétude. La vengeance non seulement défigure, mais altère, au fond, la justice ; et la passion, fière de son droit, va plus loin qu'elle n'en a le droit, et même le dessein. Strafford était justement accusé et injustement jugé. Les politiques qui ne voulaient pas la ruine de l'Église épiscopale laissaient outrager et humilier les évêques, comme des vaincus qui ne se relèveront point. Les coups, mal mesurés, qui enlevaient à la couronne ses usurpations et ses prétentions illégitimes, la blessaient dans ses justes prérogatives. Des incidents graves révélaient, des voix courageuses signalaient l'esprit révolutionnaire caché sous les réformes. Les avertissements et les traits de lumière sur l'avenir n'ont jamais manqué aux révolutions naissantes. Mais la nécessité et l'éclat de la victoire refoulaient bien loin le sentiment de ces fautes et le pressentiment de leurs dangers.

Quand l'œuvre des réformes fut accomplie, quand les griefs qui avaient soulevé la réprobation unanime du pays furent redressés, quand les pouvoirs, auteurs de ces griefs, et les hommes, instruments de ces pouvoirs, furent abattus, la scène changea ; une question nouvelle s'éleva. Comment conserver ces conquêtes ? Comment s'assurer que l'Angleterre serait désormais gouvernée selon les principes et par les lois qu'elle venait de rétablir ?

Les réformateurs politiques commencèrent à se sentir perplexes. Au-dessus d'eux était le roi qui conspirait contre eux en leur cédant. Si le roi reprenait, dans le gouvernement, le pouvoir que lui laissaient encore les réformes accomplies, il s'en servirait contre les réformes et les réformateurs. Autour d'eux étaient leurs alliés, les novateurs religieux, presbytériens et sectaires divers, à qui les réformes politiques ne suffisaient point, et qui, dans leur haine de l'Église établie, aspiraient non seulement à secouer son joug, mais à la détruire et à lui imposer le leur. Pour la sûreté de leur œuvre, pour leur propre sûreté, les chefs voulaient rester en armes. S'ils avaient voulu désarmer, leurs soldats ne l'auraient pas permis.

Un seul moyen pouvait, à leurs yeux, garantir le salut : que le parlement retînt le pouvoir souverain qu'il venait de prendre ; que le roi fût mis dans l'impossibilité permanente de gouverner contre le vœu du parlement, et de la chambre des communes dans le parlement.

C'est le résultat auquel est parvenue, en Angleterre, la monarchie constitutionnelle ; c'est le but que poursuivaient, il y a deux siècles, ses partisans. Mais ils n'avaient, au XVIIe siècle, ni les lumières ni les vertus politiques qu'exige ce gouvernement.

Il y a dans le cœur de l'homme tant d'arrogance et de faiblesse réunies, qu'il prétend en même temps à tout l'éclat et à tout le repos que peut lui faire espérer le succès. C'est peu pour lui de surmonter les obstacles, il veut les supprimer, pour n'avoir plus à s'en soucier ; et le triomphe même ne le contente pas s'il n'en peut jouir insolemment et dans une complète sécurité. La monarchie constitutionnelle ne donne point satisfaction à ces mauvais penchants de la nature humaine. À aucun des pouvoirs qu'elle met en présence elle n'accorde les plaisirs d'une domination sans partage et sans péril. Elle leur impose à tous, même à celui qui prévaut, le travail continu des alliances obligées, des ménagements mutuels, des transactions fréquentes, des influences indirectes, et d'une lutte sans cesse renouvelée avec des chances sans cesse renaissantes de succès et de revers. C'est à ce prix que la monarchie constitutionnelle assure, en définitive, le triomphe des intérêts et des sentiments du pays obligé lui-même à la modération dans ses désirs, à la vigilance et à la patience dans ses efforts.

Ni la royauté ni le parlement d'Angleterre ne comprenaient, au XVIIe siècle, ces conditions de leur gouvernement commun, et ils ne s'y résignaient point. La royauté prétendait rester, la chambre des communes voulait devenir directement et infailliblement souveraine. Il fallait cette satisfaction à leur orgueil et cette garantie à leurs terreurs.

Pour atteindre à ce but, pour retenir et exercer l'empire souverain qu'elle avait saisi, ce n'était plus de la réforme des abus et du rétablissement des droits légaux que la chambre des communes pouvait se contenter. Elle avait besoin d'altérer profondément les anciennes lois, d'attirer dans ses propres mains tous les pouvoirs.

Quand les choses en furent à ce point, un grand déchirement s'opéra parmi les réformateurs. Les uns, plus prévoyants ou plus timides, embrassèrent la défense de l'ordre légal et de la monarchie menacée ; les autres, plus hardis ou moins scrupuleux, entrèrent dans les voies d'une révolution.

À ce moment prirent naissance les deux grands partis qui, se développant successivement sous des noms et des aspects divers, ont présidé depuis deux siècles aux destinées de l'Angleterre : le parti dévoué au maintien de l'ordre établi, et le parti favorable au progrès des influences populaires, les torys et les whigs, les conservateurs et les novateurs.

La lutte fut vive, mais courte, dans le sein du parlement. Le parti monarchique tenta de s'organiser autour du roi, et de gouverner en son nom. À peine commencés, ces premiers essais de régime constitutionnel échouèrent : par les fautes du roi, inconséquent, frivolement obstiné, et aussi peu sincère avec ses conseillers qu'avec ses ennemis ; par l'inexpérience de ses conseillers eux-mêmes, tour à tour trop exclusifs et trop faibles, et sans cesse déjoués et trahis dans le palais comme dans le parlement ; par les méfiances et les prétentions du parti révolutionnaire, décidé à ne se point contenter tant que le pouvoir absolu, qu'il voulait détruire, n'aurait pas passé dans ses mains.

Un jour, à propos d'une nouvelle remontrance à présenter au roi contre les anciens griefs, comme s'ils n'étaient pas déjà redressés, la question de majorité fut nettement posée entre les deux partis. Le débat devint si violent que, dans la salle même des communes, on fut sur le point d'en venir aux mains. Onze voix donnèrent la victoire au parti de la révolution. Cinquante jours après ce vote, le roi sortait en fugitif de son palais de Whitehall, où il ne devait plus rentrer que pour monter sur l'échafaud. La chambre des communes ordonna aussitôt que le royaume menacé serait mis sans retard en état de défense. La lutte parlementaire cessa : la guerre civile commençait.

CHAPTER II.

THE CIVIL WAR.

À ce moment solennel, des tristesses patriotiques et des pressentiments sinistres éclatèrent çà et là dans l'un et l'autre parti, surtout dans le parti du roi, moins confiant dans sa force, et peut-être aussi dans sa cause. Mais tel n'était point le sentiment général. La passion et l'espoir du succès dominaient dans la plupart des cœurs. L'esprit de résistance à l'illégalité et à l'oppression a été l'une des plus nobles et aussi des plus salutaires dispositions du peuple anglais dans tout le cours de son histoire. Docile et même favorable à l'autorité quand elle agit en vertu de la loi, il maintient hardiment contre elle ce qu'il regarde comme la loi du pays et son propre droit. Au sein de leurs dissensions, ce même sentiment animait l'un et l'autre parti. Le parti révolutionnaire luttait contre les illégalités et les oppressions que l'Angleterre avait subies dans le passé, de la part du roi, et qu'elle en redoutait dans l'avenir. Le parti monarchique luttait contre les illégalités et les oppressions que, dans le présent, le parlement infligeait au pays. Le respect du droit et de la loi, quoique méconnus et violés chaque jour, était partout au fond des âmes, et leur voilait les torts et les maux que la guerre civile leur préparait.

Ni dans l'un ni dans l'autre parti les mœurs ne répugnaient fortement à la guerre civile. Les *Cavaliers* étaient bouillants et rudes, encore livrés à ces habitudes de combat, à ce goût impétueux pour le recours à la force, qui caractérisaient les temps féodaux. Les *Puritains* étaient âpres et tenaces, nourris des passions comme des souvenirs du peuple hébreu, qui défendait et vengeait son Dieu en frappant ses ennemis. Aux uns et aux autres le sacrifice de la vie était familier, et le sang versé ne faisait point horreur.

Une autre cause, plus cachée, provoquait et aggravait l'explosion. Les partis politiques et religieux n'étaient pas seuls aux prises. Leur lutte couvrait une question sociale, la lutte des classes diverses pour l'influence et le pouvoir. Non que ces classes fussent, en Angleterre, profondément séparées et hostiles entre elles, comme elles l'ont été ailleurs. Les grands barons avaient soutenu les libertés populaires avec leurs propres libertés, et le peuple ne l'oubliait point. Les gentilshommes de campagne et les bourgeois des villes siégeaient ensemble depuis trois siècles, au nom des communes d'Angleterre, dans le parlement. Mais, depuis un siècle, de grands changements étaient survenus dans la force relative des classes diverses au sein de la société, sans que des changements analogues se fussent opérés dans le gouvernement. L'activité commerciale et l'ardeur religieuse avaient imprimé, dans les classes moyennes, aux richesses et aux idées, un prodigieux élan. On remarquait avec surprise, dans l'un des premiers parlements du règne de Charles Ier, que la chambre des communes était trois fois plus riche que la chambre des lords. La haute aristocratie ne possédait plus, et n'apportait plus à la royauté, qu'elle continuait d'entourer, la même prépondérance dans la nation. Les bourgeois, les gentilshommes de comté, les fermiers et les petits propriétaires de campagne, alors fort nombreux, n'exerçaient pas, sur les affaires publiques, une influence proportionnée à leur importance dans le pays. Ils avaient grandi plus qu'ils ne s'étaient élevés. De là, parmi eux et dans les rangs au-dessous d'eux, un fier et puissant esprit d'ambition, prêt à saisir toutes les occasions d'éclater. La guerre civile ouvrait un vaste champ à leur énergie et à leurs espérances. Elle n'offrit point à son début l'aspect d'une classification sociale exclusive et haineuse : beaucoup de gentilshommes de campagne, et parmi les grands seigneurs eux-mêmes, plusieurs des plus considérables, marchaient à la tête du parti populaire. Cependant la noblesse d'une part, la bourgeoisie et le peuple de l'autre, se rangeaient en masse, les uns autour de la couronne, les autres autour du parlement ; et des symptômes certains révélaient déjà un grand mouvement social au sein d'une grande lutte politique, et l'effervescence d'une démocratie ascendante se frayant un chemin à travers les rangs d'une aristocratie affaiblie et divisée.

L'un et l'autre parti trouvaient dans l'état de la société, je dirai même dans les lois du pays, des moyens naturels et presque réguliers de soutenir par les armes leurs droits ou leurs prétentions. Depuis le règne d'Élisabeth, la chambre des communes s'était appliquée avec ardeur à abolir les dernières institutions, déjà chancelantes, du régime féodal. Mais il en restait encore de profondes traces ; et les habitudes, les sentiments, quelquefois les règles de ce régime présidaient encore aux relations des possesseurs de fiefs, soit avec le roi, leur suzerain, soit avec une partie de la population groupée autour d'eux, dans leurs châteaux ou sur leurs terres. Elle se levait à leur voix, pour des fêtes ou pour des combats, comme ils obéissaient eux-mêmes à l'appel du roi quand il réclamait leurs services. C'était l'une de ces époques de transformation où les anciennes lois, honorées quoique vieillies, décident encore des actions des hommes qu'elles n'enchaînent plus. Le dévouement avait remplacé la servitude ; la fidélité du vassal devenait la loyauté du sujet ; et les Cavaliers, riches ou pauvres, accouraient auprès du roi, prêts à combattre et à mourir pour lui, et suivis d'une troupe ou d'une poignée de serviteurs prêts à combattre et à mourir pour eux.

De leur côté, les bourgeois, les artisans, le peuple des villes, avaient aussi, sous d'autres formes, leurs moyens d'action indépendante, et même de guerre. Organisés en corporations municipales ou commerçantes, ils se réunissaient librement pour traiter de leurs affaires ; ils percevaient des taxes, levaient des milices, rendaient la justice, exerçaient la police, délibéraient et agissaient enfin, dans l'enceinte de leurs murs ou dans les limites, souvent obscures, de leurs chartes, en petits souverains. Et l'extension du commerce et de l'industrie, leurs richesses, leurs relations, leur crédit donnaient à ces corporations une puissance dont elles usaient, pour le service de leur cause, avec la hardiesse d'un orgueil nouveau et inexpérimenté.

Ni dans les campagnes ni dans les villes, la royauté ne possédait l'empire d'une administration centrale et unique. Les affaires financières, militaires, judiciaires même, étaient plus ou moins complètement entre les mains d'autorités locales et à peu près indépendantes : ici des propriétaires de comté ; là des corps municipaux ou des corporations diverses, qui s'appropriaient de plus en plus les forces administratives dans l'intérêt de leur cause politique, tantôt pour servir le pouvoir central, roi ou parlement, tantôt pour lui résister.

Et là où ces moyens ne suffisaient pas, quand l'action devait s'étendre au delà de la sphère des pouvoirs locaux anciens et reconnus, l'esprit d'association, traditionnel et puissant dans le pays, établissait promptement entre les comtés, les villes, les parties diverses du territoire ou les classes diverses de la société, des liens pratiques, efficaces, en vertu desquels des associations nouvelles, libres et momentanées, levaient des taxes, des troupes, formaient des comités, choisissaient des chefs chargés de fournir et de diriger leur part d'action dans la cause générale qu'elles embrassaient.

Ce fut au sein d'une association de ce genre, celle des cinq comtés de l'est unis pour soutenir le parlement, que Cromwell donna les premiers signes de sa force et jeta les premières racines de son pouvoir.

Dans une société ainsi organisée et disposée, la guerre civile n'avait rien d'inouï ni d'impraticable. Elle couvrit bientôt le pays tout entier, tantôt commandée par les agents du roi ou du parlement, tantôt spontanément soulevée par les citoyens, et soutenue des deux parts avec une énergie triste souvent, mais sans hésitation, comme l'exercice d'un droit et l'accomplissement d'un devoir. L'un et l'autre parti avait un sentiment profond de la justice et de la grandeur de sa cause. L'un et l'autre faisait, pour la servir, ces efforts et ces sacrifices qui élèvent les âmes au moment même où elles s'égarent, et qui donnent à la passion les apparences et quelquefois les mérites de la vertu. La vertu même ne manquait point à l'un ni à l'autre parti. Violents et licencieux, les Cavaliers avaient pourtant dans leurs rangs les plus beaux modèles de ces mœurs grandes et généreuses des anciennes familles, pleines de dévouement sans exigence et de dignité dans la soumission. Les Puritains, orgueilleux et durs, rendaient à leur patrie un service inappréciable ; ils y fondaient l'austérité de la vie privée et la sainteté des mœurs domestiques. Les deux partis se combattaient avec

acharnement, mais sans abdiquer, au sein de la lutte, tous les sentiments des temps d'ordre et de paix. Point d'émeutes sanguinaires, point de massacres judiciaires. C'était la guerre civile ardente, obstinée, pleine de violences et de
5 maux, mais sans excès cyniques ou barbares, et contenue, par les mœurs générales de la population, dans certaines limites de droit et d'humanité.

Je me hâte de rendre aux partis cette justice, car les vertus des partis sont fragiles et courtes quand elles ont à
10 subir le souffle et à lutter contre les orages des révolutions. De jour en jour, à mesure que la guerre civile se prolongeait, le respect des droits, les sentiments justes et généreux s'affaiblirent. Les conséquences naturelles de l'état de révolution se développèrent, altérant de plus en plus, dans
15 l'un et l'autre parti, les idées et les habitudes légales et morales. Le roi manquait d'argent: les Cavaliers se livrèrent à un pillage effréné. Les taxes que levait le parlement ne suffisaient point aux besoins de la guerre: il établit, dans tous les comtés, un système de confiscation
20 plus ou moins déguisée, qui, sous le nom de *délinquants*, lui livra les revenus, souvent même les terres de ses ennemis, source quotidienne de richesse pour ses partisans. Dans ce désordre général et continu, au milieu des abus de la force et des excès du malheur, les mauvaises passions étaient
25 incessamment provoquées; des chances s'offraient à tous les mauvais désirs. La haine et la vengeance s'emparaient des âmes énergiques. Les âmes faibles tombaient dans la peur et la bassesse. Le parlement, qui prétendait agir au nom des lois et servir le roi en le combattant, était condamné,
30 dans ses actes les plus violents, à un langage faux et hypocrite. Parmi les royalistes, beaucoup, se défiant des arrière-pensées du roi, appelés à des sacrifices qui dépassaient leurs forces, et chaque jour plus inquiets pour le succès de

leur cause, sentaient le dévouement s'éteindre dans leur cœur, et se soumettaient par découragement, ou se dédommageaient à force de licence. Le mensonge, la violence, l'avidité, la pusillanimité, l'égoïsme sous toutes ses formes, croissaient rapidement parmi les hommes engagés dans la lutte ; et la population, qui n'y prenait part ou n'y assistait que de loin, subissant elle-même la détestable influence du spectacle révolutionnaire, perdait peu à peu, ou ne conservait qu'obscures et chancelantes, ses notions de droit et de devoir, de justice et de vertu.

Elle était frappée en même temps et souffrait cruellement dans ses intérêts matériels. La guerre, partout présente et partout désordonnée, ravageait les villes et les campagnes, détruisait la subsistance, ou l'espérance, ou l'industrie du peuple. Les mesures financières du parlement, exploitées par les inimitiés ou les intrigues locales, jetaient dans la propriété territoriale le trouble et la dépréciation. Plus de sécurité pour les affaires du présent ni pour les travaux de l'avenir. La vie civile était atteinte et bouleversée, même au sein des familles les plus étrangères à la lutte politique. Et comme les alarmes vont toujours plus vite et plus loin que les souffrances, le pays, tombé dans une détresse douloureuse, était en proie à une anxiété plus générale et plus douloureuse encore que sa détresse.

L'explosion de ses plaintes et de ses vœux ne se fit pas longtemps attendre. La guerre était encore dans toute sa ferveur que déjà le cri *la paix ! la paix !* retentissait aux portes du parlement. Des pétitions fréquentes la demandaient. Des rassemblements nombreux les apportaient, si nombreux et si animés qu'il fallut employer la force pour les dissiper. Au sein de la chambre des communes, et malgré la retraite presque générale du premier parti royaliste, un nouveau parti royaliste se formait au nom de la paix, empressé à saisir toutes les occasions d'en proclamer la nécessité, et d'ouvrir avec le roi des négociations. Tentées plusieurs fois, elles échouèrent par les menées de ceux qui, dans l'un et l'autre camp, ne voulaient pas de la paix, ne voulant pas faire les concessions qu'elle exigeait ; par l'impéritie ou la faiblesse de ceux qui, voulant la paix, n'osaient pas en vouloir les conditions. La guerre civile continua ; mais le parti qui l'avait engagée s'était démembré ; la lutte avait recommencé, dans le parlement, pour et contre la révolution.

Au dehors, dans les campagnes surtout, le peuple ne se contenta pas de demander la paix au parlement ; il tenta de l'imposer lui-même, localement du moins, aux deux partis. Des associations se formèrent, des corps armés se mirent en mouvement, déclarant qu'ils ne voulaient plus souffrir que leurs terres fussent ravagées, ni par les parlementaires, ni par les royalistes, et les combattant également quand ils les rencontraient. Sorte de neutralité armée au sein de la guerre civile : tentative bien vaine, mais qui révéla combien les deux partis acharnés à se combattre blessaient déjà les sentiments et les intérêts du pays.

Tant que la guerre fut forte et d'une issue douteuse, ces souffrances et ces impressions du peuple, en le jetant dans une réaction pacifique, ne le ramenaient cependant vers le roi que faiblement et avec hésitation. On l'accusait d'entêtement et de fausseté. On se plaignait amèrement de ses menées secrètes avec la reine et les catholiques, passionnément haïs et redoutés. On s'en prenait à lui des maux et de la durée de la guerre civile, au moins autant qu'au parlement.

Quand la guerre fut à son terme, quand le roi fut prisonnier entre les mains du parlement, la réaction pacifique devint plus décidément et plus généralement royaliste. Le roi ne pouvait plus rien et portait dignement son malheur. Le parlement pouvait tout et ne faisait point cesser les maux du pays. Sur le parlement pesait maintenant la responsabilité. À lui s'adressaient les mécontentements, les espérances déçues, les soupçons, les colères, les malédictions du présent, les terreurs de l'avenir.

Poussés par ce sentiment national, éclairés par le péril imminent, les réformateurs politiques, les premiers chefs de la révolution dans le parlement, et à leur suite une partie des novateurs religieux, les presbytériens, ennemis de l'Église épiscopale, mais non de la monarchie, tentèrent un effort suprême pour faire enfin la paix avec le roi, et terminer du même coup la guerre et la révolution.

Ils étaient sincères, passionnés même dans leur désir, mais pleins encore des préjugés et des prétentions révolutionnaires qui, plusieurs fois déjà, avaient rendu la paix impossible. Par les conditions qu'ils imposaient au roi, ils lui demandaient de sanctionner leur destruction de la monarchie et de l'Église, c'est-à-dire d'achever de ses propres mains, en y rentrant, la ruine de l'édifice qui faisait sa sûreté et qui avait sa foi.

Ils avaient proclamé en principe et mis en pratique la souveraineté directe de la chambre des communes; et, contraints à leur tour de résister au flot populaire, ils s'étonnaient de ne plus retrouver la force et l'appui, de rencontrer même la méfiance et l'hostilité de cette haute aristocratie et de cette Église qu'ils avaient décriées et démolies!

Quand ils auraient réussi à conclure la paix avec le roi, la paix aurait été vaine. Il était trop tard pour arrêter la révolution, et trop tôt pour la ramener à son but vrai et national. Dieu commençait seulement à exercer ses justices, et à donner ses leçons. Dès que les premiers chefs du mouvement essayèrent de relever les ruines qu'ils avaient faites, le parti vraiment révolutionnaire se leva, et traitant avec un mépris brutal leur sagesse nouvelle, les chassa du parlement, condamna le roi à mort, et proclama la république.

CHAPTER III.

THE REPUBLICAN GOVERNMENT.

Deux siècles se sont écoulés depuis que la république d'Angleterre a fait tomber la tête du roi Charles Ier pour tomber presque aussitôt elle-même sur le sol arrosé de ce sang. La république française a naguère redonné au monde le même spectacle. Et l'on entend dire encore que ces grands crimes ont été des actes de grande politique, commandés par la nécessité de fonder ces républiques qui leur ont à peine survécu quelques jours !

C'est la prétention de la folie et de la perversité humaine de se couvrir du voile de la grandeur. Ni la vérité de l'histoire, ni l'intérêt des peuples ne peuvent souffrir ce mensonge.

L'esprit de foi et de liberté religieuse avait dégénéré, dans quelques sectes, en un fanatisme arrogant, querelleur, intraitable à toute autorité, et qui ne trouvait sa satisfaction que dans les déchaînements de l'indépendance et de l'orgueil d'esprit. Par la guerre civile, ces sectaires étaient devenus des soldats, à la fois raisonneurs et dévoués, enthousiastes et disciplinés. Sortis, pour la plupart, des classes et des professions populaires, ils jouissaient avidement du plaisir de commander, de dominer, de se croire et de se dire les instruments choisis et puissants des volontés et des justices

de Dieu. À la faveur tantôt de l'enthousiasme religieux, tantôt de la discipline militaire, tantôt de l'esprit démocratique, Cromwell avait gagné la confiance de ces hommes et s'était fait leur chef. Après avoir dépensé sa jeunesse
5 dans les écarts d'un tempérament fougueux, dans les élans d'une piété ardente et remuante, et au service des intérêts ou des désirs de la population qui l'entourait, dès que la haute politique et la guerre s'ouvrirent devant lui, il s'y précipita avec passion comme dans les seules voies où il pût se
10 déployer et se satisfaire tout entier : le plus fougueux des sectaires, le plus actif des révolutionnaires, le plus habile des soldats ; également prêt et ardent à parler, à prier, à conspirer, à combattre ; expansif avec un abandon plein de puissance, et menteur, au besoin, avec une hardiesse
15 intarissable, qui frappait ses ennemis mêmes de surprise et d'embarras ; passionné et grossier, hasardeux et sensé, mystique et pratique ; sans limites dans les perspectives de l'imagination, sans scrupule dans les nécessités de l'action ; voulant, à tout prix, le succès ; plus prompt que
20 personne à en discerner et à en saisir les moyens, et donnant à tous, amis ou ennemis, la conviction que nul ne réussirait si bien et n'irait si loin que lui.

À un tel parti, conduit par un tel homme, la république convenait. Elle donnait satisfaction à leurs passions,
25 ouverture à toutes leurs espérances, sécurité aux intérêts que leur avait créés la guerre civile. Elle livrait le pays à l'armée par le génie de son chef, et l'empire à Cromwell par la complicité disciplinée de ses soldats.

Par respect pour leur sincérité, pour leur génie, pour
30 leurs malheurs, je ne veux pas exprimer toute ma pensée sur quelques hommes d'un nom célèbre, républicains aussi, par système politique et selon les modèles de l'antiquité plutôt que par fanatisme religieux, Sidney, Vane, Ludlow,

Harrington, Hutchinson, Milton ; esprits élevés, cœurs fiers, noblement ambitieux pour leur patrie et pour l'humanité ; mais si peu judicieux et si follement orgueilleux que ni le pouvoir, ni les revers ne leur apprirent rien ; crédules comme des enfants, entêtés comme des vieillards, sans cesse aveuglés par leurs espérances sur leurs périls et sur leurs fautes, et qui, au moment où, par leur propre et anarchique tyrannie, ils préparaient l'avénement d'une tyrannie plus sensée et plus forte, croyaient fonder le plus libre et le plus glorieux des gouvernements.

Hors de ces sectes organisées en régiments et de ces coteries érigées en parlement, personne en Angleterre ne voulait de la république. Elle offensait les traditions, les mœurs, les lois, les vieilles affections, les anciens respects, les intérêts réguliers, le bon ordre, le bon sens et le sens moral du pays.

Irrités et inquiets de cette aversion manifeste du public pour leurs desseins, les sectaires et Cromwell pensèrent que, pour fonder un régime à ce point repoussé, il fallait, dès la première heure, par un coup terrible et sans recours, prouver sa force et affirmer son droit. Ils se promirent de sacrer la république sur l'échafaud de Charles Ier.

Mais la vue des révolutionnaires, même des plus habiles, est courte. Enivrés par la passion ou dominés par le besoin du moment, ils ne prévoient pas que ce qui fait aujourd'hui leur triomphe fera demain leur arrêt. Le supplice de Charles Ier livra aux républicains et à Cromwell l'Angleterre frappée de stupeur. Mais la république et Cromwell, blessés à mort de ce même coup, ne furent plus, de ce jour, que des régimes violents et éphémères, marqués de ce sceau d'iniquité suprême qui voue à une ruine certaine les pouvoirs les plus forts et les plus éclatants.

Les juges de Charles Ier mirent tout en œuvre pour

enlever à leur acte ce fatal caractère, et pour le présenter comme une justice de Dieu, qu'ils avaient mission d'accomplir. Charles avait tenté le pouvoir absolu et soutenu la guerre civile. Beaucoup de droits avaient été violés et beaucoup de sang répandu d'après ses ordres ou de son aveu. On rejeta sur lui toute la responsabilité de la tyrannie et de la guerre ; on lui demanda compte de toutes les libertés opprimées et de tout le sang versé : crime sans nom, que sa mort seule pouvait expier. Mais on ne donne pas à ce point le change à la conscience d'un peuple, même quand elle est saisie de trouble et d'effroi. D'autres que le roi avaient opprimé et ensanglanté le pays. Si le roi avait violé les droits de ses sujets, les droits de la royauté, anciens aussi, écrits aussi dans les lois, nécessaires aussi au maintien des libertés publiques, avaient été également violés, attaqués, envahis. Il avait fait la guerre, mais pour se défendre. Qui donc ignorait qu'au moment où il s'était décidé à la guerre, on la préparait contre lui, pour le contraindre, après tant de concessions, à livrer ce qui lui restait encore de droits et de pouvoir, les derniers débris du gouvernement légal du pays? Et maintenant que le roi était vaincu, on le jugeait, on le condamnait sans loi, contre toutes les lois, pour des actes qu'aucune loi n'avait jamais prévus ni qualifiés de crimes, que jamais la conscience ni du roi ni du peuple n'avait songé à considérer comme tombant sous la juridiction des hommes, et punissables par leurs mains. Quelle indignation, quelle révolte de toutes les âmes auraient éclaté si le plus obscur des citoyens eût été traité de la sorte, et mis à mort pour des crimes définis après coup, par des juges prétendus, hier ses ennemis, aujourd'hui ses rivaux, demain ses héritiers ! Et ce qu'on n'eût osé tenter contre le moindre des Anglais, on le faisait contre le roi d'Angleterre, contre le chef suprême de l'Église comme de l'État, contre le représentant et le symbole de l'autorité, de l'ordre, de la loi, de la justice, de tout ce qui, dans la société des hommes, touche à la limite et réveille l'idée des attributs de Dieu !

Il n'y a point de fanatisme si aveugle ni de politique si perverse qui, au moment même de leur triomphe, n'aient vu apparaître, tout près d'eux et dans leurs propres rangs, quelque éclatante lumière, quelque protestation solennelle et inattendue de la conscience humaine. Deux républicains, dont l'un était inscrit parmi les juges du roi, les noms les plus glorieux du parti, Vane et Sidney, soit scrupule, soit prudence, ne voulurent point siéger au procès, et quittèrent Londres pour n'en être pas même les témoins. Et lorsque, maîtresse souveraine, la chambre des communes nomma le conseil d'État républicain, sur quarante-et-un membres appelés à le former, vingt-deux refusèrent absolument de prêter le serment qui contenait une approbation du jugement du roi ; et les républicains régicides, Cromwell à leur tête, durent se résigner à accepter pour collègues ceux qui ne voulaient, à aucun prix, passer pour leurs complices.

Le nouveau régime ne rencontra d'abord que la résistance passive ; mais il la rencontra partout.

Six des grands juges sur douze refusèrent absolument de continuer leurs fonctions, et les six autres n'y consentirent qu'à la condition qu'ils continueraient de rendre la justice selon les anciennes lois du pays. Le parlement républicain accepta leur condition.

Il avait ordonné que la république fût proclamée dans la cité de Londres : le lord maire s'y refusa. Il fut remplacé et mis en prison. Malgré la présence d'un lord maire nouveau, trois mois s'écoulèrent avant qu'on tentât cette proclamation ; et lorsqu'enfin elle eut lieu, plusieurs des aldermen n'y assistèrent point. On fit appuyer la cérémonie par des troupes, ce qui ne suffit pas à réprimer entièrement les insultes populaires. On réorganisa le conseil commun de la cité ; plusieurs des membres désignés n'y voulurent pas entrer. Il fallut autoriser le conseil à siéger en petit nombre. On fut sur le point de se croire obligé à abolir les franchises de la cité.

Quand on voulut frapper la monnaie républicaine, le directeur de la monnaie déclara qu'il ne s'y prêterait point et se fit destituer.

Un serment de fidélité à la république, aussi simple et inoffensif qu'on put le rédiger, fut demandé aux fonctionnaires civils et aux ecclésiastiques investis de quelque bénéfice. Des milliers abandonnèrent leurs places ou leurs cures, plutôt que de le prêter. Plus d'un an après l'établissement de la république, l'assemblée du clergé presbytérien, réunie à Londres, déclara formellement que le serment ne devait pas être prêté. On l'imposa dans les universités d'Oxford et de Cambridge ; les membres les plus éminents de ces corporations, professeurs et administrateurs, se démirent de leurs emplois.

L'ordre fut donné, dans toute l'Angleterre, de détruire, sur les édifices et monuments publics, les insignes de la royauté. Presque nulle part il ne reçut son exécution. On le renouvela plusieurs fois, sans plus de succès ; et la république, déjà fondée depuis plus de deux ans, se vit encore contrainte de répéter partout la même injonction, en en mettant à la charge des paroisses la responsabilité et les frais.

Enfin, ce fut seulement environ deux ans après la condamnation du roi que le parlement républicain osa voter formellement que les auteurs, les juges et les exécuteurs de cet acte avaient fait leur devoir, approuver toute la procédure, et en ordonner l'insertion dans les registres du parlement.

Jamais peuple vaincu par une faction révolutionnaire, et subissant sa défaite sans se soulever, ne refusa plus clairement à ses vainqueurs son adhésion et son concours.

À la résistance passive du pays se joignirent bientôt, contre le gouvernement de la république, les attaques de ses ennemis.

Les premières vinrent des républicains eux-mêmes. Au XVIIe siècle comme au XIXe, ce nom couvrait des idées, des desseins, des partis profondément divers. Derrière les réformateurs de l'ordre politique marchaient les réformateurs de l'ordre social, puis les destructeurs de tout ordre et de toute société. Aux passions et aux prétentions du fanatisme religieux et de l'esprit démocratique, de plus en plus aveugles et effrénées à mesure qu'on descendait plus bas dans les rangs du parti, la république de Sidney et de Milton ne suffisait point. Les Niveleurs éclatèrent. Les Communistes apparurent. La république durait à peine depuis six mois, et déjà, autour de Londres et du parlement, quatre insurrections de soldats sectaires, provoquées et soutenues par une explosion sans cesse renaissante de pamphlets, de prédications et de promenades populaires, avaient révélé son anarchie intérieure et mis son gouvernement en péril.

Le parti royaliste tarda plus longtemps à se soulever. Ses longues défaites, l'exécution du roi, la compression violente qui pesait sur lui, le frappaient de stupeur. Les dissensions de ses vainqueurs et le mauvais vouloir évident du peuple pour le régime nouveau le rendirent bientôt à la vie et à l'espérance. En deux années, sept conspirations et insurrections, ourdies soit par des royalistes purs, soit par des royalistes presbytériens, ennemis également ardents de la république, prouvèrent à ses chefs qu'ils n'avaient pas tué du même coup le roi et l'empire de la royauté.

Bientôt, entre les conspirateurs royalistes et les conspirateurs républicains, entre les Cavaliers et les Niveleurs, de secrètes intelligences s'établirent. Ils conspirèrent de concert. Une haine commune surmonte toutes les autres inimitiés.

5 Et pendant que l'Angleterre se débattait dans cette anarchie passionnée, l'Écosse et l'Irlande, toutes deux royalistes, quoique par des motifs et avec des sentiments très divers, repoussaient hautement la république, proclamaient Charles Stuart roi, appelaient et recevaient, sur 10 leur sol et à leur tête, l'une Charles lui-même, l'autre ses représentants, et faisaient la guerre pour le rétablir.

Dans cette dislocation des trois royaumes, au milieu de ces complots à la fois contraires et unis, aussitôt renaissants que déjoués, et qui tour à tour relevaient ou abattaient, sur 15 tous les points du territoire, les espérances et les craintes, les ambitions et les menées de tous les partis, les liens sociaux se relâchèrent, les ressorts du pouvoir se détendirent rapidement. Dans les administrations de comté ou de paroisse, dans les finances générales ou locales, dans les 20 emplois publics, dans les fortunes privées, pour tous les intérêts de la vie civile, plus de règle ni de sécurité. Sur les routes, autour des villes, les brigands et les voleurs se multipliaient, marchant par bandes, mêlant les passions politiques à leurs crimes, demandant à ceux qu'ils arrêtaient 25 s'ils avaient, ou non, prêté serment de fidélité à la république, et les maltraitant ou les relâchant selon leur réponse. Il fallut, pour les réprimer, placer sur divers points des corps de troupes, tenir plusieurs régiments de cavalerie sans cesse en mouvement ; et la répression, bien 30 qu'énergiquement appliquée, ne réussissait que très imparfaitement, car la désorganisation de la société enfantait plus de désordres que le gouvernement républicain n'en savait étouffer.

Assaillis par tant et de si pressants dangers, les chefs du parlement républicain ne faiblirent point : ils avaient l'énergie et l'obstination, les uns de la foi, les autres de l'égoïsme ; leurs plus nobles espérances et leurs plus vulgaires intérêts, leur honneur et leur vie étaient engagés 5 dans leur entreprise. Ils s'y dévouèrent avec courage, mais en prodiguant aveuglément, pour la faire triompher, ces moyens de nature vicieuse qui ne sauvent quelques jours une cause que pour la perdre un peu plus tard.

Dès leurs premiers pas, ils portèrent presque à ses 10 dernières limites la tyrannie politique ; car ils décrétèrent que quiconque, dans le cours de la guerre civile, avait adhéré au roi, ou s'était montré contraire au parlement, ne pourrait ni être élu membre du parlement, ni occuper aucune charge de quelque importance dans l'État. Et peu 15 après, la même incapacité fut étendue à toute fonction municipale, et jusqu'au simple droit de voter dans les élections : plaçant ainsi d'un seul coup tous les adversaires de la république dans la condition d'ilotes exclus de tout droit et de toute vie politique dans leur pays. 20

Le serment de fidélité n'avait été exigé d'abord que des fonctionnaires civils ou ecclésiastiques, et leur refus n'avait d'autre conséquence que la perte de leurs fonctions. Le grand nombre des refus irrita et inquiéta les vainqueurs. Pour assouvir leur colère, et dans le vain espoir de se 25 délivrer de leur inquiétude, ils imposèrent le serment à tout Anglais au-dessus de dix-huit ans ; et quiconque le refusa ne fut plus même admis à paraître devant une cour de justice pour y soutenir ses intérêts ; en sorte que la dissidence politique entraîna l'incapacité civile. 30

Le séquestre et la confiscation des biens étaient pratiqués contre les vaincus de la façon la plus intolérable et la plus choquante ; sans principe fixe ni général, par des mesures partielles, mobiles, tour à tour aggravées ou atténuées selon les besoins du moment, l'avidité d'un ennemi puissant, telle ou telle circonstance imprévue, et sur des listes nominatives tantôt très étendues, tantôt fort limitées et dressées presque 5 arbitrairement ; de telle sorte que nul de ceux qui se sentaient menacés ne pouvait savoir d'avance, ni avec certitude, quelle était sa situation et quel serait son sort.

Depuis que la guerre civile avait cessé, une seule arme restait aux vaincus, royalistes ou niveleurs, la publicité, la 10 presse. Ils en usaient hardiment, comme avait fait, dans tout le cours de sa lutte avec le roi, le parti maintenant vainqueur. Ils pouvaient s'en croire le droit, car le dernier censeur de la monarchie, M. Mabbott, avait donné sa démission, ne voulant plus servir d'instrument à un tel 15 abus, et le premier secrétaire du conseil d'État républicain, Milton, avait éloquemment réclamé la liberté de la presse comme droit essentiel d'un peuple libre. Le gouvernement républicain ne nomma point de censeur nouveau ; mais il rendit, sur l'usage de la presse, une loi dont la plus inquiète 20 vigilance pouvait se contenter. Quatre villes seulement en Angleterre, Londres, York, Oxford et Cambridge, eurent le privilège d'imprimer. Aucun journal ou écrit périodique ne put paraître sans l'autorisation du gouvernement ; les imprimeurs furent assujettis à un cautionnement. Et non 25 seulement quiconque avait pris part à une publication séditieuse fut incriminé et puni ; mais tout acheteur d'un écrit séditieux encourait une amende s'il ne venait pas, dans le délai de vingt-quatre heures, remettre l'ouvrage au magistrat le plus voisin, et lui en signaler le danger.

30 Une liberté du moins, la liberté religieuse, semblait pouvoir, sous la république, espérer un meilleur sort. Les sectaires républicains l'avaient, dès l'origine, inscrite sur leur drapeau. Non seulement ils avaient eu besoin de la ré-

clamer pour eux-mêmes, mais leurs principes la commandaient impérieusement, car ils repoussaient tout gouvernement général et obligatoire de l'Église, et reconnaissaient à chaque congrégation isolée le droit de se gouverner elle-même. Mais par un de nos plus tristes égarements, c'est précisément là où elle est le plus inique et choquante, en matière de conscience et de foi, que l'inconséquence humaine se déploie tout entière. Le même parti, les mêmes hommes qui, depuis un demi-siècle, se dévouaient avec une admirable constance pour la cause de la liberté religieuse, et qui faisaient de cette liberté la base de la société chrétienne, ceux-là même, devenus souverains, exclurent absolument de toute liberté trois grandes classes de personnes, les catholiques, les épiscopaux et les libres penseurs. Contre les catholiques, la persécution n'eut point de limites : proscription absolue de leur foi et de leur culte ; pour leurs laïques, des incapacités et des confiscations privilégiées ; pour leurs prêtres, la prison, le bannissement en masse, la mort même. L'Église protestante épiscopale, renversée et dispersée par le parlement presbytérien, vit, sous le parlement républicain, son sort encore aggravé ; les sectaires avaient à satisfaire, sur elle, leurs vengeances et leurs méfiances ; on alla jusqu'à interdire, dans l'intérieur même des familles, la présence de ses ministres et l'usage de sa liturgie et de ses prières. Quant aux libres penseurs, moins rares à cette époque qu'on ne le croit communément, s'il s'en rencontrait un qui, par imprudence ou par aversion de toute hypocrisie, manifestât hautement sa pensée, il était poursuivi, emprisonné, exclu du parlement, dépouillé des plus obscurs emplois. Les presbytériens, comme ennemis des épiscopaux, jouissaient d'une certaine tolérance, mais limitée, toujours précaire, et souvent troublée par les soupçons ou les violences des sectaires à qui leur organisation ecclésiastique et leurs sentiments monarchiques déplaisaient également. En vain, dans le parlement républicain, quelques hommes d'un esprit généreux essayaient de tempérer ces rigueurs ; ils éprouvaient et acceptaient bientôt eux-mêmes leur impuissance. La liberté religieuse n'existait réellement, sous la république, que pour les sectes victorieuses et républicaines à qui leur union dans une même cause politique, toujours en péril, faisait oublier ou tolérer leurs dissentiments en matière de foi.

Pour défendre et maintenir une tyrannie politique si étendue et si dure, la tyrannie judiciaire était indispensable. Le parlement républicain l'exerça sans scrupule. Le procès du roi, cette monstrueuse dérogation à tous les principes et à toutes les formes de la justice, devint le modèle des procédures politiques. Contre les séditions des soldats niveleurs, la loi martiale suffisait ; mais lorsqu'une insurrection ou une conspiration royaliste venait à éclater, une haute cour de justice, dont le parlement nommait lui-même les membres, était aussitôt instituée ; vraie commission spéciale, placée en dehors, pour elle-même, des règles, et pour les accusés, des garanties de la loi. Craignait-on que la connaissance de ses débats n'excitât la colère ou la pitié du pays ? on en interdisait absolument la publication. On se servait de ces cours, non seulement contre les hommes importants qu'on livrait à leur juridiction, mais aussi contre la multitude obscure qu'on n'eût pu traduire devant elles. Avant que la république fût proclamée, des mariniers de la Tamise avaient demandé qu'on fît la paix avec le roi. Après l'exécution du roi, le parlement envoya leur pétition, avec leurs noms, à la nouvelle haute cour qu'il venait d'instituer pour juger cinq des principaux chefs royalistes ; frappant ainsi les petits de terreur en même temps qu'il faisait tomber la tête des grands. Quelquefois les hautes cours ne pouvaient être employées ; elles auraient entraîné trop d'émotion publique, ou trop d'apparat, ou trop de lenteur. Le parlement républicain jugeait alors lui-même, infligeant, par un simple vote, d'énormes amendes, le pilori, le bannissement, tantôt pour abattre un ennemi obstiné, tantôt pour servir les passions ou pour couvrir les fautes de quelqu'un de ses propres chefs. N'y avait-il aucun moyen de poursuivre et de condamner des hommes qu'on redoutait, quelques-uns de ces premiers réformateurs politiques que les républicains n'avaient pu vaincre qu'en les chassant du parlement ? on les détenait arbitrairement, on les dispersait dans des prisons éloignées. On bannissait en masse de Londres les cavaliers, les catholiques, les officiers de fortune, tous les suspects. Et si quelque écrivain royaliste, au lieu de conspirer en secret, dénonçait bruyamment au pays, par la voie de la presse, les méfaits, réels ou supposés, des meneurs républicains, il était arrêté et mis à la Tour, où il restait et mourait, attendant son jugement.

Tant d'oppression au sein de tant d'anarchie semblait d'autant plus odieuse et intolérable qu'elle provenait d'hommes qui naguère avaient tant exigé du roi, et tant promis eux-mêmes en fait de liberté ! et d'hommes parmi lesquels un grand nombre étaient naguère inconnus, obscurs, sortis de conditions dans lesquelles le peuple n'était pas accoutumé à reconnaître et à respecter le pouvoir suprême, n'ayant, à l'empire qu'ils exerçaient si violemment, point d'autre titre que leur mérite personnel, titre contesté tant qu'il ne s'est pas élevé au-dessus de toute comparaison, et la force matérielle dont ils disposaient, titre qui offense et aliène ceux-là même qui s'y soumettent, tant que leur vainqueur ne les a pas complètement abattus et avilis.

Malgré le double enivrement du pouvoir et du danger, plusieurs, parmi les chefs républicains, avaient l'instinct de

cette situation et du sentiment public à leur égard.
Puissants, ils se sentaient isolés, et souvent dédaignés. Il
n'y a point de pouvoir qui rassure contre l'isolement, ni qui
rende insensible au dédain. Ils souhaitaient ardemment
5 de se faire, à la domination, d'autres titres que la guerre
civile et le régicide, et de s'élever, par quelque acte grand et
national, au niveau de leur fortune. Ils méditaient et préparaient au dedans, sur les lois civiles, l'administration de la
justice, les impôts, beaucoup de réformes ; mais les plus
10 importantes, d'un mérite fort contestable en soi, étaient
énergiquement repoussées par la plupart des hommes
considérables du parti lui-même ; et, loin de relever la
république, elles n'auraient fait que la plonger plus avant
dans les rangs des sectaires et des niveleurs. Évidemment,
15 aucune mesure de régime intérieur ne pouvait donner aux
chefs républicains ce qui leur manquait. Leurs pensées se
portèrent au dehors. Ils avaient peu d'effort à faire et point
de risque à courir pour maintenir, dans leurs relations avec
les puissances étrangères, la dignité et les intérêts de leur
20 patrie. Le temps des guerres de croyances religieuses
finissait ; celui des guerres d'idées politiques ne venait pas
encore. Aucun des grands gouvernements européens, bien
que détestant la nouvelle république, ne songeait à l'attaquer ; tous au contraire recherchaient son amitié, pour
25 l'enlever à leurs rivaux, ou pour s'en servir contre eux. La
simple neutralité assurait à l'Angleterre la paix, une entière
indépendance pour ses affaires intérieures et un grand poids
dans les affaires du continent. Les chefs du parlement
républicain voulurent davantage. Ils étaient en présence
30 de trois puissants États, la France, l'Espagne et la
Hollande : les deux premiers, catholiques et monarchiques,
adversaires naturels, plus ou moins contenus ou déguisés, de
la nouvelle république ; le dernier, protestant et républicain,

attiré vers l'Angleterre par toutes les sympathies de la foi et de la liberté. Une idée s'éleva et bouillonna rapidement dans ces esprits hardis et agités. Pourquoi l'Angleterre et la Hollande ne s'uniraient-elles pas en une seule et grande république qui ferait bientôt dominer en Europe leur politique et leur foi commune ? Il y avait là de quoi charmer les plus pieux, de quoi occuper les plus ambitieux. Quelle reconnaissance ne porterait pas le peuple anglais aux hommes qui auraient donné cet accroissement à sa grandeur, cette satisfaction à sa conscience et à son orgueil ? À ce prix, la monarchie était oubliée, la république était fondée, le parlement républicain devenait un sénat de rois.

L'œuvre fut tentée. Les chefs républicains s'y employèrent passionnément : les uns, par des influences indirectes, et en propageant en tous sens leur idée ; les autres, dans des ambassades solennelles, et en essayant de poser les bases de l'union future des deux nations. Mais les rêves des révolutions sont encore plus vains dans les rapports extérieurs que dans le gouvernement intérieur de l'État. Il plaisait aux républicains anglais de ne pas songer que, dans cette fusion, la république de Hollande serait absorbée par la république d'Angleterre, et qu'elle pourrait bien n'y pas consentir. Elle n'en accepta pas seulement l'insinuation. Les républicains hollandais, éprouvés par un siècle de laborieux succès, étaient trop fiers pour sacrifier leur patrie, et trop sages pour lier ses destinées à cette utopie d'une république naissante et chancelante. La cause des royalistes anglais avait d'ailleurs en Hollande la faveur, non seulement de la maison d'Orange, mais d'une grande partie du peuple dont le meurtre de Charles Ier et les folies des sectaires révoltaient l'équité et le bon sens. Le juste orgueil de la Hollande dissipa en un instant la chimère que l'orgueil ambitieux du parlement anglais avait enfantée. Mais de semblables tentatives ne sont pas faites et n'avortent pas impunément. Il resta de celle-ci, entre les deux peuples, déjà naturellement rivaux, des méfiances et des jalousies profondes ; entre leurs chefs, des amours-propres froissés et des rancunes ardentes. La guerre sortit bientôt de ces sources : en sorte que les grandes conceptions diplomatiques du parlement protestant et républicain de l'Angleterre aboutirent à une rupture et à une lutte passionnée avec le seul État républicain et protestant entre ses voisins du continent.

CHAPTER IV.

THE REPUBLIC.

Ainsi, au dehors comme au dedans, les républicains anglais recevaient des événements, ou donnaient eux-mêmes, à leurs idées et à leurs espérances, de tristes et éclatants démentis. Ils avaient promis la liberté ; ils pratiquaient la tyrannie. Ils avaient promis l'union et le triomphe du protestantisme en Europe ; ils portaient la guerre dans son sein.

En vain ce gouvernement durait, gagnait des batailles, écrasait ses ennemis : il ne s'affermissait point. Au milieu de leurs succès et de la soumission générale, la république et ses chefs se décriaient et s'abaissaient de jour en jour.

Un homme, le principal auteur du supplice de Charles Ier et de l'établissement de la république, Cromwell, avait pressenti ce résultat, et se disposait à en profiter. Le roi mort et la république proclamée, une métamorphose prodigieuse, mais naturelle, s'accomplit dans Cromwell. Poussé jusque-là, par ses passions de sectaire et d'ambitieux, contre les ennemis de sa foi et les obstacles à sa fortune, il s'était appliqué tout entier à les détruire. Dès que l'œuvre de destruction fut consommée, une autre nécessité lui apparut. La révolution était faite ; il fallait refaire un gouvernement. La Providence, qui donne rarement à un même homme une double puissance, avait marqué Cromwell pour l'un et l'autre rôle. Le révolutionnaire disparut, le dictateur se prépara.

En même temps que cette nécessité dominante de la situation nouvelle frappait son esprit grand et sain, Cromwell
5 entrevit que le gouvernement qu'on tentait d'établir n'y réussirait point : ni les institutions, ni les hommes. Dans les institutions, point d'unité, ni de stabilité, ni d'avenir ; la guerre intestine et l'incertitude permanente au sein du pouvoir. Dans les hommes, des vues étroites ou chimé-
10 riques, des passions petites ou aveugles ; la lutte révolutionnaire perpétuée entre le pouvoir et le pays. Érigés en souverains, le parlement républicain et ses chefs furent bientôt mesurés et condamnés par le bon sens de Cromwell. Un gouvernement fort et régulier ne pouvait sortir de là.
15 Une pensée préoccupa dès lors Cromwell : ne point s'associer à la politique ni à la destinée de ces institutions et de ces hommes ; se tenir en dehors de leurs fautes et de leurs revers ; se séparer du parlement en le servant.

C'était peu de se séparer ; il fallait grandir pendant que
20 d'autres s'usaient. Cromwell prévoyait la ruine du parlement et de ses chefs ; décidé à ne pas tomber avec eux, il voulait s'élever à côté d'eux.

Les grands hommes d'action ne construisent point d'avance, et de toutes pièces, leur plan de conduite. Leur
25 génie est dans leur instinct et dans leur ambition. Chaque jour, dans chaque circonstance, ils voient les faits tels qu'ils sont réellement. Ils entrevoient le chemin que ces faits leur indiquent et les chances que ce chemin leur ouvre. Ils y entrent vivement, et y marchent, toujours à la même lumière
30 et aussi loin que l'espace s'ouvre devant eux. Cromwell marchait à la dictature sans bien savoir où il arriverait, ni à quel prix ; mais il marchait toujours.

Cette situation qu'il cherchait, isolée et en dehors du

pouvoir régnant, le parlement vint lui-même la lui offrir. Cromwell à Londres incommodait et inquiétait les meneurs. Ils lui demandèrent d'aller prendre le commandement de l'armée qui devait soumettre l'Irlande, partout insurgée pour Charles Stuart, ou plutôt contre le parlement. Cromwell se fit prier. Il fallut lui accorder beaucoup : d'abord pour ses amis, son patronage était vaste et zélé ; puis pour lui-même ; il voulait de grands et sûrs moyens de succès, des troupes bien pourvues, des honneurs éclatants, un pouvoir incontesté. On lui donna tout, on était pressé qu'il partît. Son départ fut solennel et magnifique. Plusieurs sermons furent prêchés, pour prédire et demander à Dieu son succès. Cromwell parla et pria lui-même en public, cherchant et trouvant dans la Bible des allusions pleines d'encouragement à la guerre qu'il allait soutenir. Il sortit de Londres entouré d'une garde nombreuse, formée d'officiers brillamment équipés. À Bristol, où il s'arrêta avant de s'embarquer, le peuple des campagnes environnantes accourut pour le voir. Il ne négligea rien, et rien ne lui manqua pour exciter l'attente et remplir les esprits au moment où il s'éloignait des regards.

C'était l'Angleterre qu'il voulait gagner en lui soumettant l'Irlande. Il était là en présence d'une race et d'une religion ennemies, l'une méprisée, l'autre détestée du peuple anglais. Il leur fit la guerre à outrance, massacrant, dépouillant, expulsant les Irlandais, n'hésitant pas plus devant la cruauté dans les camps que devant le mensonge dans le parlement, couvrant tout par la nécessité, et prompt à y croire pour arriver plus vite au succès.

L'éclat de ses victoires et de son nom inquiéta bientôt le parlement. C'était de Cromwell que s'occupaient partout, dans leurs entretiens, le peuple pour l'admirer, les habiles pour pénétrer sa conduite et son avenir. En Écosse, au moment où il était parti pour l'armée d'Irlande, le bruit s'était répandu que ce n'était pas à Dublin, mais à Édimbourg qu'il voulait la conduire, et toute la population s'en était émue. D'autres disaient qu'à son retour d'Irlande, il méditait de sortir d'Angleterre et d'aller en France, on ne savait pas à quel titre, ni dans quel dessein. Des pamphlets furent saisis, intitulés : *Le caractère du roi Cromwell.* Il arrivait à ce point où les plus frivoles circonstances, les moindres démarches d'un homme qui devient grand excitent passionnément la curiosité populaire et la sollicitude de ses rivaux. Les meneurs du parlement crurent pouvoir profiter des quartiers d'hiver qu'il venait de prendre à Dublin pour le rappeler à Londres. Cromwell n'obéit point, ne répondit même pas, rentra brusquement en campagne, poursuivit en Irlande son œuvre de destruction, et ne consentit enfin à retourner en Angleterre que lorsque de nouveaux et plus graves périls pour la république lui ouvrirent à lui-même de nouvelles perspectives d'indépendance et de grandeur.

L'Écosse avait rappelé Charles Stuart. La république et la monarchie allaient se retrouver en présence. Il fallait à la république un champion éprouvé contre le roi : le parlement essaya d'en avoir deux, Fairfax et Cromwell. Fairfax refusa. Le parlement nomma Cromwell seul, désolé mais contraint de lui donner encore, pour sauver la république, un royaume à conquérir.

Cromwell fit la guerre et se conduisit en Écosse tout autrement qu'il n'avait fait en Irlande. Autant envers les catholiques irlandais il avait été violent, dur, impitoyable, autant envers les protestants écossais il se montra modéré, patient, caressant. Il y avait là, autour du parti royaliste et jusque dans ses rangs, des dissensions profondes : des presbytériens plus fanatiques que royalistes, et qui ne servaient le roi qu'avec des méfiances et des restrictions infinies ; des sectaires aussi ardents, aussi démocratiques que les sectaires anglais, pleins de sympathie pour Cromwell, pour ses soldats, et plus disposés à les seconder qu'à les combattre. Cromwell ménageait et exploitait ces dispositions, cherchant la bataille contre l'armée du roi, mais plein d'égards pour le pays, négociant séparément avec les chefs qu'il savait incertains ou enclins vers lui, entrant en correspondance, en conférence, en controverse religieuse avec les théologiens écossais, habile à plaire et laissant de lui-même une impression grande et favorable quand il ne parvenait pas à convaincre ou à séduire. Il s'avançait ainsi en Écosse, gagnant chaque jour du terrain par les armes et dans les esprits, détachant du roi des comtés, des villes, des chefs. Charles se sentait pressé, cerné, bientôt atteint. Il prit soudain, avec l'entraînement de la jeunesse, une résolution éclatante et désespérée ; il se mit, avec toute son armée, en marche rapide vers l'Angleterre, livrant l'Écosse à Cromwell, et décidé à aller tenter, au cœur de la république, la fortune de la royauté.

Un mois ne s'était pas encore écoulé depuis que Charles et l'armée écossaise avaient posé le pied sur le sol anglais ; Cromwell les avait atteints, vaincus et dispersés à Worcester où Charles venait de se faire proclamer roi. Charles errait d'asile en asile et de déguisement en déguisement, cherchant une barque qui le transportât hors d'Angleterre ; et Cromwell rentrait en triomphe à Londres, entouré des membres du parlement, du conseil d'État, du conseil commun de la cité, et d'une foule immense qui le proclamait son libérateur.

La joie qui succède à une grande crainte surmonte un moment toute jalousie et toute haine. Le parlement combla Cromwell de faveurs : une riche dotation en terres fut votée pour lui ; le palais de Hampton-Court lui fut assigné pour résidence ; les plus méfiants lui prodiguèrent les marques de reconnaissance et de déférence. L'enthousiasme du peuple républicain était plus sincère et valait davantage. Les révolutions qui ont renversé d'anciennes grandeurs sont pressées et fières d'en élever de nouvelles. C'est leur sûreté, c'est leur orgueil de se voir consacrées dans de glorieuses images, et il leur semble qu'elles font ainsi réparation à la société qu'elles en avaient dépouillée. De là cet instinct qui, en dépit des passions démocratiques, pousse les partis populaires à ces manifestations pompeuses, à ces flatteries démesurées, à cette idolâtrie de langage dont ils se plaisent à enivrer les grands hommes qu'ils voient monter sur les ruines qu'ils ont faites. Sectaires et philosophes, citoyens et soldats, parlement et peuple, tous, de gré ou de force, concouraient à grandir Cromwell, comme pour grandir avec lui ; et les républicains de la cité de Londres, venus au-devant de lui pour le haranguer quand il rentrait dans leurs murs, se charmaient eux-mêmes en lui disant : " Vous étiez destiné à charger les rois de chaînes et à mettre leurs nobles dans les fers." Aveugles, qui ne se doutaient pas que bientôt ces fers pèseraient sur leurs propres mains !

Cromwell recevait ces hommages et ces grandeurs avec une humilité calculée, qui pourtant n'était pas dénuée de toute sincérité. "À Dieu seul, disait-il sans cesse, appartient la gloire ; je ne suis que son faible et indigne instrument." Il savait combien ce langage convenait à son pays, à son parti. Il l'exagérait et le répétait sans mesure, pour complaire aux hommes dont il exaltait ainsi la confiance et le dévouement. Mais c'était aussi l'expression de sa propre et intime pensée. Dieu, sa puissance, sa providence, son action continue dans les affaires du monde et sur les âmes, ce n'étaient point là, pour Cromwell, de froides abstractions ou des traditions usées : c'était vraiment sa foi. Foi peu conséquente et peu exigeante, qui ne gouvernait et ne gênait guère ses actions dans les tentations de la vie et les nécessités du succès, mais qui subsistait au fond de son âme, et inspirait ses paroles lorsque la grandeur de la circonstance ou de sa propre situation venait l'émouvoir fortement. Il en coûte peu d'ailleurs de parler humblement et de se dire l'instrument de Dieu quand Dieu fait de son instrument le maître des nations. Ni la puissance ni l'orgueil de Cromwell n'avaient à souffrir de son humilité.

Aussi plus sa situation devenait grande, plus son ambition grandissait et le portait au-dessus de sa situation. À travers son langage si humble, perçaient quelquefois, dans ses démarches, des éclairs de souveraineté. Sur le champ de bataille de Worcester, le désir lui vint d'armer, de sa main, chevaliers deux de ses plus braves généraux, Lambert et Fleetwood, et il y renonça avec humeur, sur l'observation que c'était là un droit royal. Le jour où il rentra en triomphe à Londres, sur la route, au milieu des acclamations publiques, telle était sa contenance qu'un homme qui le connaissait bien, le prédicateur sectaire Hugh Peters, dit en le voyant passer : " Cromwell se fera notre roi." Il venait de sauver la république et de lui soumettre deux royaumes. Il n'avait, au loin et par les armes, plus rien de grand à faire. Il restait à Londres, puissant et oisif, sans cesse visité par ses officiers et ses soldats, centre de tous les mécontentements et de toutes les espérances ; en face du parlement républicain, assemblée mutilée où siégeaient à peine chaque jour soixante ou quatre-vingts membres, quelques-uns sérieusement et honnêtement occupés des affaires publiques, de la marine, de la guerre avec la Hollande, des réformes projetées dans les lois, mais la plupart restés petits dans leur grandeur, adonnés à de mesquines passions, à de honteux intérêts, accaparant les emplois pour eux ou pour leurs proches, faisant servir leur pouvoir à leur fortune, à des haines et à des querelles subalternes ; coterie de plus en plus égoïste, 5 isolée, décriée, qui ne donnait au pays ni repos, ni liberté, ni avenir, et qui pourtant se montrait résolue à retenir le pouvoir souverain, comme si le salut de l'Angleterre eût pu exiger la perpétuité d'un si misérable gouvernement.

Cromwell hésita et attendit longtemps. Au moment de 10 son triomphe, en reprenant son siége dans le parlement, il avait engagé la lutte. Deux questions, grandes et populaires, étaient ses armes : une amnistie générale qui proclamât que la guerre civile était finie, et une loi électorale qui réglât le mode et l'époque de la convocation d'un 15 nouveau parlement. Ces deux mesures étaient depuis longtemps proposées ; mais elles demeuraient enfouies dans les comités, sauf à apparaître quelquefois, dans les jours critiques, comme des leurres. Par l'influence de Cromwell, elles furent sérieusement reprises et discutées. L'amnistie 20 fut votée, péniblement, au bout de cinq mois, après de nombreuses tentatives de restrictions, pécuniaires surtout, toujours repoussées, et avec succès, par Cromwell lui-même, trop sensé pour se livrer à aucune animosité inutile, et attentif à se créer dans tous les partis des clients et des 25 amis personnels. Mais la mesure décisive, la loi électorale, restait en suspens. Cromwell la pressait, sans ardeur pourtant, plutôt pour faire ressortir l'égoïsme obstiné des meneurs du parlement que pour arriver à une prompte issue. Il était lui-même très perplexe. Par quels moyens 30 plausibles contraindre le parlement à se dissoudre ? Quel serait le résultat d'élections nouvelles ? Et même des élections nouvelles suffiraient-elles à relever et à fonder le gouvernement ? L'épreuve de la république était-elle heureuse ? La monarchie n'était-elle pas toujours plus conforme aux lois, aux habitudes, aux sentiments, aux intérêts permanents du pays ? S'il la voulait, s'il en avait besoin, comment la lui rendre ? et dans quelle mesure ? et quelle monarchie ? Cromwell posait ces questions, non seulement dans des conversations intimes avec quelques hommes importants, mais dans des conférences où il réunissait des officiers de l'armée et des membres du parlement. Il n'en sortait point satisfait : les officiers persistaient à rester républicains ; les politiques enclins à la monarchie n'en admettaient point d'autre que l'ancienne, et conseillaient à Cromwell de traiter avec elle pour la rétablir. Il rompait alors la conversation, pour revenir plus tard à la charge, souple en apparence, mais au fond indomptable dans son ambition, tantôt franc jusqu'à l'audace pour entraîner les hommes dans ses desseins, tantôt fourbe jusqu'à l'effronterie pour les leur cacher. Il retirait toujours de ces menées l'avantage de compromettre de plus en plus l'armée dans sa lutte avec le parlement. L'esprit sectaire était encore puissant dans l'armée, et l'esprit militaire s'y était fortement développé. Les passions du fanatique et les intérêts du soldat s'y combinaient et s'y soutenaient mutuellement. Cromwell les exploitait et les excitait sans relâche contre le parlement. Quelle iniquité que la solde des vainqueurs fût si mal payée, et que des hommes qui n'avaient ni combattu, ni souffert, recueillissent seuls les fruits de la victoire ! Quel affront à Dieu que les conseils de ses saints fussent si peu écoutés ! Des pétitions, présentées par le conseil général des officiers, au nom de l'armée entière, réclamaient avec hauteur le payement des arrérages, la réforme des abus du gouvernement, la satisfaction des espérances du peuple de Dieu. Le parlement menacé se défendait, s'irritait, et attaquait à son tour. Il pressait le licenciement d'une partie considérable de l'armée ; il mettait en vente ce même palais de Hampton-Court qu'il avait donné à Cromwell pour résidence. Cette situation si tendue durait déjà depuis dix-huit mois. De part et d'autre, on sentait approcher la crise. Qui en serait le maître ? Le parlement prit soudain la résolution de presser lui-même cette dissolution qu'on lui demandait. Il entra vivement dans la discussion et le vote de la loi électorale. Mais sa loi eut précisément pour but de maintenir le pouvoir dans les mêmes mains auxquelles elle devait le retirer. Les membres actuels du parlement républicain restaient de droit, sans aucune réélection, membres du parlement nouveau. Les élections ne devaient que combler les vides de l'Assemblée, selon le nombre total fixé par la loi. Et pour que rien ne manquât à la sûreté de la combinaison, les anciens membres devaient former seuls le comité chargé d'examiner les élections nouvelles et d'admettre ou de rejeter les élus.

Ce n'était point là une dissolution du parlement ; c'était pour lui un bail nouveau. Cromwell n'hésita plus : rompant brusquement une conférence d'officiers réunis chez lui, à Whitehall, il se rendit à la chambre des communes, prit silencieusement sa place au milieu de la délibération, et au moment où la loi électorale allait être mise aux voix, il se leva soudainement, et, avec une brutalité profonde, profitant du décri où les meneurs du parlement étaient tombés pour les accabler d'insultes grossières, et les insultant grossièrement pour les avilir encore davantage, il leur signifia qu'ils n'étaient plus rien, les fit chasser de leur salle par une compagnie de soldats, comme des intrus trop longtemps tolérés, et mit ainsi tout à coup fin au Long Parlement.

Personne ne résista, personne n'éleva la voix ; non que le parlement expulsé n'eût des amis, ardents et fidèles, quoique peu nombreux ; mais ils avaient contre eux la force et l'opinion. Tous les autres partis, qu'ils approuvassent ou non l'acte de Cromwell, s'en réjouissaient comme d'une justice et d'une délivrance. Intimidés ou impuissants, les vaincus se soumirent sans bruit ; et ces meneurs révolutionnaires qui avaient fait neuf ans la guerre civile, chassé du parlement les trois quarts de leurs collègues, condamné à mort leur roi, et changé tyranniquement la constitution de leur pays, purent reconnaitre que le gouvernement des peuples est une œuvre infiniment plus grande et plus difficile qu'ils ne s'en doutaient avant d'y avoir eux-mêmes succombé.

CHAPTER V.

THE PROTECTORATE.

La république s'était établie au nom de la liberté ; et, sous la domination du parlement républicain, la liberté n'avait été qu'un vain mot, couvrant la tyrannie d'une faction. Après l'expulsion du parlement, la république à
5 son tour devint un vain mot, conservé comme un de ces mensonges qui servent encore quoiqu'ils ne trompent plus, et le despotisme d'un seul fut pendant cinq ans le gouvernement de l'Angleterre.

Le despotisme, chez une nation forte qui s'y réfugie
10 dans un accès de perplexité ou de lassitude, ne peut subsister qu'à deux conditions, l'ordre et la grandeur. Cromwell, devenu le maître, déploya toutes les ressources de son génie pour imprimer à son gouvernement ces caractères. Étranger aux passions haineuses, aux préventions
15 étroites et intraitables que les factions portent dans leur empire, il voulait que tous, sans distinction d'origine et de parti, cavaliers et presbytériens aussi bien que républicains, pourvu qu'ils se tinssent en dehors des menées politiques, trouvassent, pour les intérêts de la vie civile, protection et
20 sécurité. L'acte qui imposait à tout Anglais le serment de fidélité, sous peine d'incapacité devant les tribunaux, fut abrogé. L'administration de la justice redevint régulière

et habituellement impartiale. Cromwell, général de la révolution, s'était toujours ménagé dans tous les partis des intelligences et des créatures. Cromwell, protecteur de la république, s'efforça de rallier à son gouvernement les forces hautes de la société. Trop sensé pour se détacher de ses 5 racines et se livrer à ses ennemis, un instinct supérieur l'avertissait en même temps que, tant que le pouvoir n'est pas accepté et soutenu par les hommes que leur position, leurs intérêts, leurs habitudes rendent ses alliés naturels, rien n'est complétement ordonné ni solidement fondé. Ce 10 chef fougueux des novateurs populaires se montrait plein de respect pour les institutions consacrées par le temps. Dans leur aversion des sciences humaines et des fondations aristocratiques ou royales, les sectaires voulaient détruire les universités d'Oxford et de Cambridge. Cromwell les sauva. 15 Grand par nature, et maintenant placé haut, il prenait le goût de tout ce qui était élevé et grand par les souvenirs, par l'esprit, par le savoir, par la renommée. Il se sentait intéressé à l'attirer vers lui, et se plaisait à le protéger contre des haines grossières et subalternes. Et il employait à 20 soutenir cette politique, à maintenir au profit de tous l'ordre et les lois, à rétablir partout le pouvoir et le respect, cette même armée avec laquelle il avait renversé tant d'anciennes grandeurs, et dont la forte discipline et le dévouement qu'elle lui portait ne comprimaient qu'imparfaitement et à 25 grand'peine les passions mal éteintes.

Au dehors, dans les relations extérieures de l'Angleterre, Cromwell, plus libre du joug des partis, porta un sentiment encore plus juste des intérêts de son pays comme de sa propre situation, et obtint un succès bien plus complet. 30

La paix fut la base de sa politique. Dès son avènement, il se mit à l'œuvre pour la rétablir ou l'assurer partout, avec la Hollande, le Portugal, le Danemark ; mettant de côté

tantôt ces rêves de fusion républicaine et protestante que naguère il avait conçus ou fomentés lui-même, tantôt les rancunes de religion ou de parti ; pressé de régler les différends, de clore les questions ; quelquefois susceptible et
5 hautain pour bien établir la dignité d'un gouvernement nouveau, mais toujours sensé, ne se livrant à aucune exigence démesurée, à aucune ambition chimérique, ne recherchant au dehors que ce qui convenait à son intérêt essentiel, la sécurité et la force de son pouvoir au dedans.

10 Aussi, la paix une fois assurée, la seconde base de sa politique fut la neutralité. C'était alors, en Europe, la crise de la lutte entre la maison d'Autriche et la maison de Bourbon, entre l'Espagne qui déclinait et la France qui montait rapidement. Toutes deux faisaient d'ardents, et
15 quelquefois de honteux efforts pour attirer l'Angleterre dans leur alliance. Cromwell les écoutait toutes deux, donnant à l'une et à l'autre assez d'espérances pour en obtenir ce qui importait à son gouvernement, mais ne s'engageant ni dans l'une ni dans l'autre cause. Tout bien considéré, il jugea
20 que, du côté de l'Espagne, il y avait pour lui moins à espérer, moins à craindre, et bien plus à prendre. Il méditait de donner, à la puissance et au commerce de l'Angleterre, une large base dans le nouveau monde. Il sortit de la neutralité, mais avec tant d'à-propos et de mesure que,
25 pendant que sa guerre avec l'Espagne lui donnait au delà des mers la conquête de la Jamaïque, son alliance avec la France lui valut, aux portes du continent européen, la possession de Dunkerque, sans que pourtant il s'engageât, dans la lutte des deux puissances, assez avant pour compromettre
30 l'indépendance de la politique extérieure de son pays.

Ce fut, sous son gouvernement, le constant caractère de cette politique de n'avoir rien de systématique ni d'emporté, et de ne se mêler des affaires d'autrui qu'autant que ses propres affaires l'exigeaient réellement. Les Stuart étaient réfugiés en France. La cour les traitait avec faveur, quoique timidement. Les essais de guerre civile de la Fronde troublaient le royaume. Les protestants y étaient, sinon persécutés, du moins inquiétés et mécontents. L'occasion semblait belle et la tentation était forte, pour Cromwell, d'intervenir là contre ses ennemis, et pour la cause religieuse et politique qui avait fait sa grandeur. Le prince de Condé, chef des insurgés, la ville de Bordeaux, leur boulevard, l'en sollicitaient ardemment, entretenant auprès de lui des envoyés, multipliant les instances et les offres pour obtenir son appui. Cromwell les accueillait, leur donnait lieu d'espérer, envoyait à son tour en France des agents chargés de sonder les dispositions et de mesurer les forces des protestants et des Frondeurs, inquiétait ainsi gravement Mazarin ; puis, ne trouvant, du côté des mécontents français, ni forces réelles, ni conduite habile, ni chance de succès, il écartait toute velléité d'ambition ou de passion, laissait tomber les offres qu'il avait reçues, les espérances qu'il avait laissé naître, et traitait avec Mazarin, mettant à profit les inquiétudes qu'il lui avait fait concevoir.

Qu'une occasion moins tentante, mais moins compromettante, s'offrit ailleurs de soutenir le protestantisme opprimé, Cromwell la saisissait avidement. Pour protéger, contre le duc de Savoie, de pauvres paysans expulsés de leurs vallées, il multipliait les déclarations, les ambassades, les secours d'argent, les menaces, sommait la cour de France d'intervenir si elle ne voulait qu'il intervînt lui-même, entraînait dans ses démarches les Provinces-Unies, les cantons suisses, atteignait son but par le seul mouvement qu'il imprimait, et donnait ainsi aux sentiments religieux de l'Angleterre une éclatante satisfaction, sans l'engager dans aucune lutte grave et incertaine.

Quand des intérêts anglais, importants quoique secondaires, étaient en jeu, réclamant protection ou réparation, Cromwell les soutenait énergiquement, en les tenant avec soin séparés des questions générales et passionnées. Il envoyait dans la Méditerranée l'amiral Blake avec une forte escadre, chargé de se porter partout où l'Angleterre avait des réclamations à former ; et Blake se présentait successivement devant Livourne, Alger, Tunis, Tripoli, vidant avec éclat, quoique sans les grossir, ces démêlés divers, et ne se retirant que lorsqu'il avait obtenu de gré ou de force le redressement des griefs de son pays.

Tant d'efforts et de succès ne demeuraient point vains, mais n'atteignaient point au véritable et dernier but du vainqueur. Ce gouvernement de Cromwell si actif sans témérité, si habile à flatter les passions nationales sans s'y asservir, qui au dehors faisait grandir son pays sans le compromettre, et maintenait l'ordre au dedans avec les soldats de la révolution, était obéi, craint, admiré, mais ne s'enracinait point. L'Angleterre se soumettait à son génie et à sa force ; elle n'acceptait pas sa domination. Consommé dans l'art d'attirer à lui les hommes, tous les jours il en détachait quelques uns des anciens partis, les décidant tantôt à le servir activement, tantôt à cesser d'agir comme ses ennemis. Il obtint, autant que l'ait jamais obtenu aucun autre parmi les maîtres des peuples, tout ce que le bon sens, la fatigue, l'intérêt personnel, la faiblesse, la lâcheté, la bassesse, la trahison peuvent donner à la puissance. Mais les anciens partis subsistaient toujours, cavaliers, presbytériens, républicains, comprimés mais vivaces, et ne renonçant ni à l'espérance ni à l'action. Dans le cours des cinq années de l'empire de Cromwell, et sans parler d'une foule de tentatives obscures, quinze conspirations et insurrections, royalistes ou républicaines, ou coalisées, mirent son gouvernement en alarme ou sa vie en danger. Il les réprimait énergiquement, sans cruauté et sans pitié, rigoureux ou clément selon le besoin, employant tour à tour les lois et l'arbitraire, le jury et les cours d'exception, une police infatigable et une armée dévouée, les arrestations silencieuses et les exécutions éclatantes, le bannissement, l'emprisonnement, la vente des insurgés vaincus comme esclaves dans les colonies, tout ce qui se peut inventer pour frapper des ennemis d'impuissance ou de peur. Rien ne réussit contre lui; tous les complots furent déjoués et toutes les prises d'armes étouffées. Le pays ne s'y associait point et gardait son repos. Mais il ne croyait ni au droit ni à la durée de ce pouvoir tous les jours vainqueur. Cromwell ne régnait point dans les esprits comme un souverain reconnu et définitif. Au faite de sa grandeur, il n'était, dans la pensée publique, qu'un maître irrésistible mais provisoire, sans rival mais sans avenir.

Il le sentait lui-même mieux que personne. C'était le caractère de son esprit de voir toutes choses, même sa propre situation, comme elles étaient réellement. Jamais grand homme n'a été plus ardent à l'espérance et plus étranger à l'illusion.

Il avait appris, en renversant la monarchie constitutionnelle, que c'était le seul gouvernement qui convînt et qui pût durer en Angleterre. Maître des ruines de l'édifice, une pensée constante s'empara de lui, le relever pour s'y établir.

Ce fut son désir et son travail continu de parvenir à avoir un parlement avec lequel il pût vivre et gouverner. Il en réunit quatre en cinq ans; tantôt choisissant lui-même, de concert avec ses officiers, l'assemblée qu'il décorait hypocritement de ce nom; tantôt la faisant élire selon le nouveau mode que le Long-Parlement républicain était sur le point d'adopter quand il l'avait chassé; traitant toujours

ces assemblées, à leur début, avec beaucoup de solennité et
de déférence ; usant, pour s'y créer une majorité, des artifices
les plus éhontés, des violences les plus inouïes ; et soigneux,
au moment même où il rompait avec elles, de ne point
donner à croire qu'il renonçât à leur concours.

L'entreprise, de sa part, était chimérique. Les royalistes
n'entraient point dans ses parlements. Les presbytériens
n'y arrivaient qu'en fort petit nombre. Les diverses fractions
du parti républicain y siégeaient presque seules, profondément divisées et irritées. Les partisans de Cromwell étaient
peu propres à triompher par la tactique parlementaire et la
discussion. Ses ennemis, bien plus exercés dans ce genre
de combat, en déployaient, pour lui nuire, toutes les
ressources. Il se retrouvait là en présence des hommes
qu'il avait détrônés, sincèrement passionnés contre sa tyrannie, obstinés dans leurs idées et leurs habitudes anarchiques, et aussi ingouvernables qu'incapables de gouverner.
Lui-même, il leur fournissait, à chaque instant, des griefs et
des armes, car il n'avait pas appris, en devenant le maître
absolu, à respecter le droit, ni à endurer la résistance et la
contradiction. Averti, par son grand instinct, que, dans son
isolement despotique, il ne fondait rien, pas même son
propre pouvoir, il appelait un parlement pour s'en aider
dans la création d'un gouvernement durable ; mais quand
le parlement était là, dépourvu des forces naturelles du parti
conservateur, et dominé par des hommes qui ne savaient
que détruire, bientôt Cromwell ne pouvait supporter ni leur
liberté, ni leur fol aveuglement, et il brisait cet instrument
qu'il sentait nécessaire, mais qu'il s'irritait de trouver toujours fatal.

Un jour, il crut avoir enfin réussi à réunir un parlement
qui comprît et secondât ses desseins. Il se hâta d'y faire
éclater l'idée qui le possédait, le rétablissement complet de

la monarchie anglaise, un roi et deux chambres. La proposition en fut faite et débattue dans le parlement, et publiquement négociée pendant plus de deux mois entre le parlement et le protecteur. Cromwell déploya dans la négociation cet étrange amalgame d'ardeur et de retenue, d'habileté profonde et d'hypocrisie grossière, qui était à la fois son art et sa nature. La prudence égalait presque en lui l'ambition. Il ne voulait pas que son avènement à la royauté fût au prix d'une scission dans son parti, base déjà si étroite et si chancelante de son gouvernement. Il prétendait devenir roi sans que le protecteur fût en péril. Il fallait, non seulement que la couronne lui fût offerte, mais que tous les hommes importants dont il était entouré, sectaires ou politiques, officiers ou magistrats, se fussent décidés et compromis à la lui offrir. Depuis longtemps, avant l'institution du protectorat, avant l'expulsion du Long-Parlement, il les sondait et les préparait à cette fin. Engagé cette fois dans la tentative suprême, son travail, pour agir sur eux, fut infini et infatigable, tantôt direct, tantôt détourné ; il s'adressait tour à tour à leur intérêt, à leur amitié, à leur raison ; il essayait de leur faire comprendre que la révolution qu'ils avaient faite, et leur propre situation à eux-mêmes, comme la sienne, demeureraient faibles et précaires tant qu'ils ne se seraient pas établis ensemble dans l'institution sur laquelle se fondaient toutes les lois, à laquelle se rattachaient toutes les habitudes d'obéissance et de respect de l'Angleterre. Il persuada, ou entraîna, ou séduisit tant de gens, même parmi les officiers longtemps rebelles, qu'il put se croire et se crut vraiment assuré du succès. La proposition fut votée dans le parlement. La couronne lui fut officiellement offerte. Il ajourna sa réponse. Il voulait vaincre les dernières résistances. C'était auprès de lui, parmi les généraux les plus intimement unis à sa personne,

qu'il les rencontrait. Elles furent insurmontables, par sincère passion républicaine, par pudeur de démentir à ce point leur vie, par vengeance de rivaux humiliés. Cromwell se flatta qu'après tout ce n'était que l'humeur de quelques
5 hommes. Il se décidait à passer outre, et à poser enfin sur sa tête cette couronne mise sous sa main, lorsqu'il apprit qu'à cette heure même une pétition, rédigée par l'un de ses chapelains et signée par un grand nombre d'officiers, était, au nom de l'armée, solennellement présentée au parlement,
10 réclamant la fidélité à la bonne vieille cause et repoussant le rétablissement de la royauté. Cromwell manda aussitôt le parlement à Whitehall, et, s'étonnant qu'on eût ainsi l'air de protester contre sa réponse avant qu'elle fût faite, il refusa formellement le titre de roi.
15 C'était en vain qu'éclairé par son génie sur le vice de sa grandeur, il s'efforçait de la transporter sur des bases consacrées par le droit et le temps. Dieu ne voulut pas que le même homme qui avait fait tomber la tête du roi, et foulé aux pieds les libertés du pays, recueillît l'honneur et le fruit
20 du rétablissement de la royauté et du parlement. Puissant contre l'anarchie, Cromwell, en luttant contre les difficultés de sa situation, retombait sans cesse dans le despotisme. Il avait fait rentrer l'impartialité dans l'ordre civil ; et, poussé par la nécessité de suffire aux dépenses de son gouverne-
25 ment, il soumit tous les royalistes aux exactions les plus iniques, et tout le pays au régime de la tyrannie militaire, seul moyen d'accomplir les exactions. Il se faisait gloire d'avoir rendu à l'administration de la justice sa régularité et son éclat ; et quand des avocats illustres défendirent
30 contre ses poursuites des accusés, quand des magistrats intègres se refusèrent à les condamner contre les lois, il maltraita, destitua, emprisonna les avocats et les magistrats avec un emportement sans exemple dans les plus mauvais

temps. C'était trop d'arrogance que de prétendre rétablir la monarchie légale sans renoncer aux violences révolutionnaires. Cromwell jouissait déjà d'un privilège rare ; il avait passé de la révolution à la dictature ; il ne lui fut point donné de transformer la dictature en un régime de droit et de liberté.

Mais sa prudence, dans cette périlleuse épreuve, ne fut point perdue. Il ne s'était arrêté qu'au dernier moment, mais il s'était arrêté. L'Angleterre qui avait vu sa retraite, les républicains qui l'y avaient réduit, avaient toujours besoin et peur de lui. Sa situation demeura entière, et le protecteur ne fut pas moins puissant pour avoir échoué à se faire roi. Il n'abandonnait point son dessein. Il prenait même des mesures pour préparer la réunion d'un parlement nouveau, se promettant sans doute, comme il avait jadis dompté le parlement par l'armée, de dompter un jour l'armée par le parlement. Mais déjà s'appesantissait sur lui la main qui devait le dompter lui-même. Sa santé était depuis quelque temps altérée. Des douleurs de famille, la perte d'une fille chérie aggravèrent son mal. Il dépérit rapidement. Il ne voulait pas mourir. Tant d'épreuves traversées avec bonheur, les grandes choses qu'il avait faites et qu'il avait encore à faire, la nécessité de sa présence, la puissance de sa volonté, tout le portait à se persuader qu'il n'avait pas atteint le terme de sa vie. Il disait, dans sa plus confiante intimité : " Je suis sûr que je ne mourrai pas aujourd'hui ; je sais que Dieu ne veut pas encore que je meure." Dieu avait marqué Cromwell pour être un exemple éclatant de ce que peut et de ce que ne peut pas un grand homme. Sa destinée était accomplie. Il s'était fait, par son seul génie, le maître de son pays et de la révolution qu'il avait faite dans son pays ; il resta, jusqu'à sa dernière heure, en pleine possession de sa grandeur ; et il mourut, consumant sans succès son génie et sa puissance à tenter de refaire ce qu'il avait détruit, un parlement et un roi.

Dans l'anarchie où la jeta cette mort, l'Angleterre eut l'une de ces bonnes fortunes rares dont on ne saurait dire si elles viennent de Dieu seul, ou si la sagesse des hommes peut y réclamer quelque part. L'anarchie n'eut point de dénoûment factice, ni incomplet, ni précipité. Toutes les ambitions, toutes les prétentions, tous les éléments de chaos et de lutte politique que Cromwell avait comprimés reparurent et rentrèrent en tumulte sur cette scène que naguère il remplissait seul. Son fils Richard fut proclamé protecteur sans obstacle, et reconnu sans hésitation par les puissances étrangères. Mais à peine il essaya de gouverner qu'autour de lui s'élevèrent une foule de conseillers, bientôt ses ennemis et ses rivaux : le conseil général des officiers ; un nouveau conseil de l'armée, plus populaire; un parlement nouveau, que Richard se hâta de convoquer; l'ancien Long-Parlement mutilé, ou plutôt, comme l'appela le peuple, la queue du Long-Parlement, soutenant qu'à lui seul appartenait le pouvoir légitime, puisqu'il avait reçu de Charles Ier, du roi qu'il avait mis à mort, le droit de n'être dissous que de son propre aveu ; enfin ce même Long-Parlement, recruté des membres qu'avant la mort du roi il avait chassés de son sein, et qui maintenant y rentraient de force, comme ils en avaient été chassés. Tous ces fantômes prétendirent à remplacer le maître qui naguère les avait tous domptés ; et l'Angleterre les vit, pendant plus de vingt mois, paraître, disparaître, reparaître confusément, s'évoquant ou s'expulsant, se coalisant ou se combattant tour à tour, sans qu'aucun d'eux prît un seul jour la consistance et la force d'un gouvernement.

Et dans cet interrègne de vingt mois, au milieu de cette explosion ridicule de tant de prétendants chimériques, celui-là seul ne parut point qui était, dans la pensée de toute l'Angleterre, soit espérance, soit crainte, le seul prétendant sérieux. À peine un ou deux mouvements insignifiants, qui se bornaient à demander la convocation d'un parlement libre, et où le nom de Charles Stuart n'était pas même prononcé, furent-ils tentés en sa faveur, et aussitôt réprimés sans effort.

C'était le souvenir de Cromwell qui retenait encore le parti royaliste dans la crainte et l'inaction. Il avait tant de fois abattu leurs espérances, et si rudement frappé leurs soulèvements ou leurs complots, qu'ils n'osaient plus se promettre le succès. Le bon sens d'ailleurs leur était venu avec les longs revers. Ils avaient appris à ne pas prendre leurs désirs pour la mesure de leurs forces, et à comprendre que, si Charles Stuart devait retrouver la couronne, c'était l'intérêt et le mouvement général de l'Angleterre qui pouvaient seuls la lui rendre, non pas une insurrection de Cavaliers.

Richard Cromwell eut la pensée et le désir de mettre lui-même un terme à l'agonie générale et à la sienne propre, en traitant avec le roi. Il ne manquait ni d'esprit ni d'honnêteté. Il n'avait ni ambition ni grandeur. Il avait assisté, avec un sentiment de fatigue plutôt que de confiance, à la destinée de son père. Il ne croyait point, pour lui-même, au retour d'un tel succès, et ne se sentait pas capable de porter un tel fardeau. Mais il n'était pas capable non plus de prendre, sur de tels intérêts, une résolution souveraine. Il était indécis et faible, criblé de dettes et cherchant de tous côtés l'avenir. Il demeura le jouet d'une fortune dont il sentait la vanité, et l'instrument d'hommes moins sensés que lui.

CHAPTER VI.

THE RESTORATION.

Il fallait arriver au dénoûment. Tous les pouvoirs, tous les noms qui avaient fait la révolution, ou que la révolution avait faits, avaient été mis et remis à l'épreuve. Aucun obstacle extérieur, aucune résistance nationale ne les avaient
5 entravés dans leurs efforts pour gouverner. Aucun n'y avait réussi. Ils s'étaient tous entre-détruits. Ils avaient tous épuisé, dans ces stériles combats, ce qu'ils avaient pu conserver de crédit et de force. Leur nullité était à nu. Cependant l'Angleterre restait à leur merci. La nation
10 avait perdu, dans ces longues et tristes alternatives d'anarchie et de despotisme, l'habitude et le courage de régler elle-même ses destinées. L'armée de Cromwell était toujours là, incapable de créer un gouvernement, mais renversant tous ceux qui ne lui plaisaient pas. Un homme
15 de l'armée, placé très haut dans l'estime et la confiance des soldats, étranger aux partis politiques, qui avait bien servi le parlement, et Cromwell, et même Richard Cromwell à son avènement, Monk pressentit quel serait le terme nécessaire de cette anarchie, et entreprit d'y conduire sans lutte et
20 sans secousse son pays fatigué. Il n'avait rien de grand, excepté le bon sens et le courage. Nul besoin de gloire, nulle ambition de pouvoir. Point de principes, ni de

desseins élevés, ni pour son pays, ni pour lui-même. Une aversion profonde du désordre et de ces iniquités déréglées que les partis populaires couvrent de belles promesses. Il était attaché sans faste, mais avec force et modestie, à ses devoirs de soldat et d'Anglais. Point charlatan, point déclamateur, discret jusqu'à la taciturnité, et absolument indifférent au mensonge. Il s'en servit avec une audace et une patience imperturbables pour amener ce qui lui paraissait le seul intérêt essentiel de l'Angleterre, le retour pacifique du seul gouvernement qui pût être stable et régulier. Tout le reste n'était à ses yeux que questions douteuses et disputes de partis. Il y réussit. Toutes les fractions du grand parti monarchique suspendirent, pour le seconder, leurs anciennes animosités, leurs impatiences aveugles et leurs prétentions contraires. La restauration s'accomplit comme un fait naturel, seul possible, sans coûter une goutte de sang aux vainqueurs ni aux vaincus; et Charles II, rentrant dans Londres au milieu d'acclamations immenses, put dire avec vérité : "C'est certainement ma faute si je ne suis pas revenu plus tôt, car je n'ai vu aujourd'hui personne qui ne protestât qu'il avait toujours souhaité mon retour."

Jamais gouvernement, ancien ou nouveau, ou relevé après être tombé, ne s'est trouvé dans de meilleures conditions de force régulière et de stabilité.

Charles II remontait sur son trône sans appui étranger, sans lutte intérieure, sans effort même de son propre parti, par le seul élan de la nation anglaise enfin délivrée de l'oppression, et de l'anarchie, et des fluctuations révolutionnaires, et qui n'espérait plus que de lui seul l'ordre légal et un avenir.

La monarchie se rétablissait après l'épuisement complet et la ruine définitive de ses ennemis et de ses rivaux. La

république et le protectorat avaient paru et reparu sous toutes les formes, dans toutes les combinaisons qu'ils pouvaient affecter. Tous les pouvoirs, tous les noms issus de la révolution étaient usés et décriés. Le champ de
5 bataille restait vide. Les fantômes mêmes des combattants et des prétendants révolutionnaires s'étaient évanouis.

La royauté n'était pas seule rétablie. En même temps que le roi remontait sur son trône, les grands propriétaires, les gentilshommes de campagne, tous ces citoyens considé-
10 rables qui avaient soutenu la cause royaliste, reprenaient leur place dans le gouvernement du pays. La république et Cromwell les avaient exclus des affaires publiques, n'y pouvant supporter leur présence. En y rentrant, ils comblaient un grand vide dans l'organisation sociale. C'est
15 l'erreur commune des révolutionnaires de croire qu'ils remplaceront tout ce qu'ils détruisent, et qu'ils suffiront à tous les besoins de l'État. Les républicains anglais avaient pu abolir la chambre des lords et chasser le parti royaliste de la scène politique ; ils ne parvinrent point à tenir eux-
20 mêmes sa place, ni pour soutenir le pouvoir contre l'esprit d'anarchie, ni pour maintenir contre le despotisme les libertés de la nation. En même temps qu'elle releva la monarchie héréditaire, la restauration rendit à la propriété foncière, aux campagnes, aux traditions de famille, à la
25 portion la plus ancienne et la plus élevée de l'aristocratie territoriale du pays, leur rang et leur influence. Le pouvoir retrouvait ainsi à la fois son principe de stabilité et ses alliés naturels ; et la société politique, depuis onze ans mutilée et flottante, rentrait en possession de toutes ses
30 forces et se replaçait sur toutes ses bases.

Le gouvernement de la société religieuse, l'Église épiscopale, se relevait en même temps que la royauté. Certes, l'origine de l'Église anglicane, née à la voix et élevée à l'ombre du pouvoir temporel, a été pour elle une grande infirmité, comparée à l'origine purement spirituelle et à la forte indépendance de l'Église catholique. Mais l'Angleterre en a retiré cet avantage que toute lutte a cessé entre le gouvernement de l'Église et celui de l'État : l'Église anglicane, intimement unie au trône et tenant de lui sa force première, lui a été constamment et loyalement dévouée ; et malgré les taches de son origine et les faiblesses de sa conduite, elle n'a manqué ni de ferveur dans sa foi, ni de vertu dans sa vie, ni de courage et d'éclat dans l'accomplissement de sa mission. Elle a eu ses héros et ses martyrs, indomptables sur l'échafaud et le bûcher, quoique souvent complaisants et faibles envers les rois. Quand elle fut rétablie, en 1660, avec Charles II, elle venait de subir pendant quinze ans toutes les persécutions révolutionnaires, la spoliation, l'oppression de son culte, l'insulte, la prison, la pauvreté. Elle avait tout supporté avec dignité et constance ; elle se relevait entourée du dévouement passionné du parti royaliste et du respect général de la population. Elle mit au service de la royauté une fidélité éprouvée et une autorité grandie par le malheur.

Les dispositions du peuple anglais répondaient à celles de l'Église : non que les sectes qu'elle avait longtemps opprimées, et qui venaient de l'opprimer à leur tour, cessassent de lui être ardemment ennemies ; non que les excès, odieux ou ridicules, du fanatisme et de l'hypocrisie fissent partout place à une piété sage et vraie. Une réaction d'impiété, de frivolité, de licence et de cynisme, ne tarda pas à éclater. Mais elle ne pénétra guère au delà des régions hautes et superficielles de la société : au milieu des scandales de la cour et des classes qu'atteignait de près la contagion de ses exemples, l'Angleterre restait pleine de chrétiens sincères et fervents; les uns attachés ou ramenés à l'Église anglicane par le souvenir des maux et l'aversion des désordres qu'avait entraînés sa chute; les autres engagés dans les sectes dissidentes que l'Église recommença à 5 persécuter assez cruellement pour exalter leur zèle, pas assez pour les frapper de mort. Au sein de leurs luttes et de leurs haines mutuelles, l'Église et les sectes exerçaient les unes sur les autres une influence salutaire; elles se maintenaient ou se rappelaient réciproquement dans le 10 respect de Dieu et de ses lois, dans la constante préoccupation des intérêts éternels de l'homme, dans la ferveur et l'activité de la foi.

Ainsi, dans la masse de la population, les bases morales ne manquaient point à la monarchie rétablie, et elle re-
15 trouvait autour du trône, dans les classes que les habitudes de leur vie rapprochent du pouvoir, les appuis politiques dont elle avait besoin.

Deux ennemis redoutables, l'esprit de révolution et l'esprit de réaction, pouvaient seuls rendre vaines tant de 20 circonstances propices, et compromettre de nouveau la monarchie.

L'esprit de révolution survit longtemps à sa défaite, et même à son impuissance démontrée. Des deux partis révolutionnaires qui avaient dominé l'Angleterre, la ré-
25 publique et Cromwell, le dernier disparut complètement, si complètement que les fils du protecteur purent mourir en paix et oubliés dans leur patrie. Le parti républicain subsista, sans rien tenter, presque sans rien espérer pour sa propre cause, mais ardemment mêlé à toutes les haines, à 30 tous les complots contre le gouvernement établi, cherchant et trouvant incessamment dans les sectes persécutées, surtout en Écosse, des insurgés et des martyrs. Même dans les partis d'opposition légale, étrangers à tout regret et à

tout désir républicain, les idées et les habitudes révolutionnaires demeuraient puissantes : les plus éclairés avaient l'esprit imbu de théories et le cœur prêt à s'émouvoir de passions incompatibles avec les luttes patientes et les transactions obligées de la monarchie constitutionnelle ; les plus modérés considéraient la chance et glissaient sur la pente de révolutions nouvelles avec une facilité que repousse tout ordre stable et légal. Le venin révolutionnaire, amorti mais non expulsé, circulait encore dans les veines d'une grande partie de la nation anglaise, et l'entretenait dans un état d'intempérance politique plein d'obstacles et de périls pour le pouvoir.

L'esprit de réaction, cette maladie des partis vainqueurs, fomentait incessamment l'esprit de révolution : non que l'on doive accueillir tous les reproches dont l'histoire poursuit, à ce titre, les cavaliers et l'Église d'Angleterre ; les révolutions longtemps souveraines, et enfin arrêtées dans leur cours, ont cette arrogante prétention que les iniquités qu'elles ont commises demeurent intactes ; il faut qu'on se contente de réprimer désormais leur pouvoir malfaisant ; elles qualifient de réaction toute réparation des maux qu'elles ont faits. Parmi les mesures prises sous le règne de Charles II pour redresser les torts que les royalistes, laïques ou ecclésiastiques, avaient soufferts pendant la révolution, plusieurs n'étaient qu'un retour naturel et nécessaire au droit violé. Mais ces retours ont des limites que le bon sens indique à la politique des gouvernements et à l'intérêt des partis eux-mêmes. On ne répare pas l'injustice par l'injustice ; on ne met pas un terme aux révolutions par les provocations et les vengeances. Toute réparation qui prend de tels caractères perd son droit, et devient, pour la cause qu'elle prétend servir, un grave péril. La réaction religieuse surtout tomba, sous Charles II, dans ces excès déplorables :

ce ne fut point la pure réparation des griefs et des maux de
l'Église anglicane ; ce fut une vindicative persécution des
sectes dissidentes, un manque de foi envers les plus
modérées de ces sectes à qui le roi, au moment de son
5 retour, avait solennellement promis la liberté. Charles
tenta à plusieurs reprises de tenir sa parole et d'assurer aux
dissidents quelque tolérance ; la persécution répugnait à son
bon sens, à la douceur de ses mœurs, à son indifférence en
matière religieuse, à son secret penchant en faveur des
10 catholiques. Mais ses faibles et froides velléités de justice
cédaient bientôt à l'obstination des haines ecclésiastiques
et à l'emportement des passions populaires. Aveuglé ou
entraîné, le parti royaliste, dans le parlement et hors du
parlement, s'y associait presque tout entier. Après 1660, la
15 réaction laïque fut limitée et courte ; la réaction religieuse,
un moment contenue, éclata bientôt avec violence, se
perpétua en s'aggravant, et créa la plupart des périls et des
fautes, je pourrais dire des crimes, où tombèrent Charles II
et son gouvernement.
20   Mais ces fautes et ces périls, bien que graves et tristes,
n'avaient au fond, pour la monarchie et la société anglaise,
rien de vital ni de menaçant. À considérer les choses dans
leur ensemble, l'esprit de révolution ne possédait plus, et
l'esprit de réaction ne domina point l'Angleterre. Depuis
25 sa grande crise révolutionnaire de 1640 à 1660, le peuple
anglais a eu ce bonheur, et ce mérite, qu'il a compris
l'expérience et qu'il ne s'est jamais livré aux partis extrêmes.
Au milieu des plus ardentes luttes politiques, et même des
violences où il a tantôt suivi, tantôt poussé ses chefs, il s'est
30 toujours, dans les circonstances suprêmes et décisives,
contenu ou replié dans ce ferme bon sens qui consiste à
reconnaître les biens essentiels qu'on veut conserver, et à
s'y attacher invariablement, en supportant les inconvénients

qui les accompagnent, ou en renonçant aux désirs qui pourraient les compromettre. C'est à partir du règne de Charles II que ce bon sens, qui est l'intelligence politique des peuples libres, a présidé aux destinées de l'Angleterre. Trois grands résultats, encore confus et incomplets, mais irrévocables, et seuls essentiels aux vœux comme aux intérêts généraux de la nation anglaise, survivaient à la révolution qu'elle venait de traverser.

La royauté ne pouvait plus se séparer du parlement. La cause de la monarchie était gagnée : celle de la monarchie absolue était perdue. Des théologiens et des philosophes, Filmer et Hobbes, pouvaient ériger en dogme ou soutenir en principe le pouvoir absolu ; leurs idées pouvaient exciter, dans les écrits et dans les entretiens, la faveur ou la colère des hommes de science ou de parti. Dans la pensée pratique de la nation, la question était vidée : royalistes ou révolutionnaires, tous regardaient l'intime union et le contrôle mutuel de la couronne et du parlement comme le droit et la nécessité du pays.

La chambre des communes était, en fait, prépondérante dans le parlement. Il ne s'agissait plus de sa souveraineté directe ; ce principe révolutionnaire était décrié et maudit ; la couronne et la chambre des lords avaient repris possession de leurs droits et de leur rang ; mais elles avaient été trop rudement vaincues et abattues pour retrouver leur ancienne supériorité, même par la chute de leurs ennemis ; et ni les fautes ni les revers de la chambre des communes n'abolirent entièrement ses terribles victoires. Devenu le maître, le parti royaliste, dans ses rapports avec la couronne et l'administration de l'État, hérita des conquêtes essentielles du Long-Parlement. La confusion devait être longue, et souvent violente, avant que les partis divers, torys ou whigs, gouvernants ou opposants, eussent appris à bien user de ces conquêtes, à en bien comprendre le sens et la mesure, et à maintenir, entre les grands pouvoirs publics, cette harmonie laborieuse qui fait le mérite comme la difficulté du gouvernement constitutionnel. Mais à travers les tâtonnements de cet apprentissage, et malgré des apparences ou des formes souvent contraires, l'influence prépondérante de la chambre des communes dans les affaires publiques fut, à partir du règne de Charles II, un fait de plus en plus évident et assuré.

À côté, ou plutôt au-dessus de ces deux faits politiques, se plaçait le fait religieux également consommé par la révolution, la domination complète et définitive du protestantisme en Angleterre. Jamais, certes, les protestants anglais n'avaient été plus ardemment désunis ; et Bossuet pouvait, à bon droit, se donner le superbe plaisir de contempler et de peindre leurs divisions et leurs luttes. Mais l'unité d'une foi et d'une passion commune persistait dans ces sectes qui s'échappaient en tous sens ; au milieu de leurs propres combats, elles professaient l'Évangile et combattaient toutes le catholicisme avec la même ardeur ; et la liberté de conscience, sans cesse méconnue et opprimée par elles et entre elles, leur était à toutes, contre l'Église romaine, également chère et irrévocablement acquise.

C'était là, dans sa pensée générale et intime, tout ce que demandait la nation anglaise à cette royauté ancienne dont elle accueillait avec transport le retour, décidée à supporter longtemps les fautes du gouvernement qui la préserverait de toute révolution nouvelle en lui assurant ces trois résultats de la révolution qu'elle venait de subir.

Mais ce fut précisément là ce que ni Charles II ni Jacques II ne surent ou ne voulurent pas accomplir.

En politique, Charles II était trop sensé et trop indifférent pour affecter ou pratiquer le pouvoir absolu. Il ne se souciait que de son plaisir, n'aimait le pouvoir que pour jouir de la vie, et admettait volontiers les ménagements et les transactions pour éloigner les périls des luttes extrêmes, ou pour s'en épargner les ennuis. Mais dans sa pensée, la monarchie absolue avait seule son estime et son goût. Il avait subi les coups et assisté aux égarements et aux mécomptes des institutions de son pays; il avait contemplé de près l'éclat de la cour de Louis XIV et la force de son gouvernement. Là se portaient son admiration et sa confiance. De là sa pente à tomber, envers Louis XIV, dans une servilité vénale : il le regardait comme le chef du parti des rois, et ne ressentait pas toute la honte qui eût dû l'accabler quand il lui vendait la politique et les libertés de son pays.

En religion, Charles était à la fois sceptique et catholique, ne croyant à rien, et aussi corrompu d'esprit que de mœurs: mais pensant qu'après tout, s'il y avait quelque vérité dans la religion, elle était dans la religion catholique, abri plus sûr pour les rois contre les périls du pouvoir, pour les hommes contre ceux de l'éternité.

Ainsi, quoique, dans sa vie, il ne se conduisît pas en souverain absolu et catholique, Charles était, dans son âme, catholique et absolutiste, en sympathie avec les rois du continent, point avec la foi et la politique de sa nation.

Jacques II était catholique et absolutiste avec foi, et, dans sa conduite, conséquent avec sa foi : de plus, aveuglément entreprenant, avec l'obstination d'un esprit étroit et stérile et la dureté d'un cœur froid et sec.

Tels étaient les deux princes que la restauration mit en présence de la nation anglaise, rentrant avec joie sous la monarchie et maudissant la révolution, mais instinctivement résolue à en conserver les grands résultats.

L'histoire d'Angleterre, dans tout le cours de la restauration, n'est que l'histoire de ce profond désaccord, lentement révélé mais enfin éclatant, entre deux rois et leur peuple, et des efforts persévérants du peuple anglais pour échapper aux conséquences de ce fait, c'est-à-dire à une nouvelle révolution.

Car l'Angleterre, durant cette époque, fut essentiellement conservatrice. Des factions ardentes, des ambitions égoïstes l'agitèrent de leurs intrigues, de leurs complots, de leurs insurrections. Elle fut plus d'une fois entraînée par leurs efforts, ou par ses propres passions, dans des mouvements en apparence révolutionnaires. Mais loin de seconder les hommes qui cherchaient le renversement de la monarchie des Stuart, elle s'arrêtait et se rejetait en arrière dès qu'elle entrevoyait cette pente. Les conspirateurs et les insurgés ne furent, sous le règne de Charles II, que des minorités en désaccord avec le pays, même au moment où il leur montrait de la faveur. À mesure que la royauté restaurée faisait plus de fautes et laissait plus clairement percer ses tendances ou ses desseins, le mécontentement public s'aggravait, les chances de rupture entre le prince et le pays devenaient plus fortes; mais le pays luttait contre ces chances au lieu de les chercher. La nation anglaise a fait pendant vingt-six ans, pour maintenir la maison de Stuart sur le trône sans lui livrer ses lois et sa foi, tous les sacrifices, tous les efforts que pouvait commander l'esprit conservateur le plus patient et le plus soutenu.

Toutes les phases du gouvernement anglais durant cette époque, la conduite et la destinée de tous les partis et de tous les ministères qui ont exercé le pouvoir, n'ont été que des formes diverses et des preuves éclatantes de ce grand fait.

CHAPTER VII.

FROM THE FALL OF CLARENDON TO THE DEATH OF CHARLES II.

Par la pente naturelle des choses, l'ancien parti royaliste, les conseillers fidèles de Charles I*er* dans le malheur et de Charles II dans l'exil, furent les premiers en possession du pouvoir. Clarendon était leur chef. Esprit ferme, droit et pénétrant, ami sincère de l'ordre légal et moral, attaché avec 5 courage à la constitution et avec passion à l'Église de son pays, plein de respect pour les droits, écrits ou traditionnels, du peuple comme du prince, il détestait la révolution à ce point que toute nouveauté lui était indistinctement suspecte et antipathique. Premier ministre, il fut plus hautain que 10 fier, manqua de largeur dans les idées et de générosité sympathique dans le caractère, et jouit de sa grandeur avec faste en exerçant le pouvoir avec roideur. Auprès du roi, qui lui portait une estime pleine de confiance et mêlée de quelque attachement, il était tour à tour sévère et humble, 15 passant des remontrances aux complaisances, disant et soutenant la vérité en honnête homme, mais inquiet de l'avoir dite, et cherchant des appuis contre la cour sans vouloir puiser sa force dans le parlement. Il prétendait maintenir à la fois la couronne dans le respect des anciennes 20 lois du pays, et la chambre des communes dans la modestie de son ancienne situation, et se flattait qu'on pourrait astreindre la prérogative royale à la légalité sans lui imposer, envers le parlement, aucune responsabilité nécessaire. Il échoua dans cette chimérique tentative de fonder, au sortir d'une révolution populaire, un gouvernement qui ne fût ni arbitraire ni limité; et il succomba lui-même après sept ans de prépondérance, odieux aux communes par son arrogance monarchique, aux sectes dissidentes par son intolérance épiscopale, à la cour par sa sévérité dédaigneuse, poursuivi par l'aveugle colère du peuple qui s'en prenait à lui de tous les malheurs publics comme de tous les torts du pouvoir, et indignement abandonné du roi pour qui il n'était plus qu'un censeur incommode et un ministre compromettant.

On a attribué la chute de Clarendon aux défauts de son caractère, et à quelques fautes ou à quelques échecs de sa politique, au dedans et au dehors. C'est méconnaître la grandeur des causes qui décident du sort des hommes éminents. La providence, qui leur impose une tâche si rude, ne les traite pas avec tant de rigueur qu'elle ne leur passe point de faiblesses, et qu'elle les renverse légèrement, pour quelques torts ou quelques échecs particuliers. D'autres grands ministres, Richelieu, Mazarin, Walpole, ont eu des défauts, et commis des fautes, et essuyé des échecs aussi graves que ceux de Clarendon. Mais ils comprenaient leur temps; les vues et les efforts de leur politique étaient en harmonie avec ses besoins, avec l'état et le mouvement général des esprits. Clarendon se trompa sur son époque; il méconnut le sens des grands évènements auxquels il avait assisté; il considéra et traita ce qui s'était passé de 1640 à 1660 comme une révolte après laquelle il n'y avait qu'à rétablir l'ordre et les lois, non comme une révolution qui, en précipitant la société anglaise dans de funestes égarements, l'avait lancée dans des voies nouvelles, et qui imposait à l'ancienne royauté rétablie de nouvelles règles de conduite. Parmi les grands résultats que cette révolution, même vain-cue, léguait à l'Angleterre, Clarendon accepta avec sincérité le concours nécessaire du parlement, et avec joie le triomphe du protestantisme. Il repoussa et combattit obstinément l'influence croissante de la chambre des communes dans le gouvernement du pays, et ne sut ni reconnaître ni pratiquer les moyens par lesquels ce fait nouveau pouvait tourner à la sûreté, et même à la force de la monarchie. C'était là une de ces erreurs que ne rachètent point des talents ni des vertus rares, et qui rendent mortels, dans l'impitoyable destinée des hommes publics, des torts ou des échecs d'ailleurs légers et de peu d'effet.

Après les honnêtes conseillers de l'ancienne royauté vinrent les roués de la nouvelle cour, Buckingham et Shaftesbury à leur tête : l'un licencieux, spirituel, léger et présomptueux ; l'autre ambitieux, profond et hardi : tous deux également corrompus et versés dans l'art de corrompre ; tous deux prêts à passer sans cesse, pour le besoin de leur fortune ou le plaisir de leur vanité, de la cour à la multitude et du gouvernement à la faction. Ils entreprirent de donner satisfaction au parlement, aux dissidents, à tous les sentiments publics que la politique roide et isolée de Clarendon avait irrités. Mais il ne suffit pas de vouloir plaire et céder pour gouverner. Les téméraires et immoraux successeurs de Clarendon ne soupçonnaient pas quels embarras et quels périls ils étaient près d'attirer sur le pouvoir et sur eux-mêmes en prenant dans la chambre des communes leur point d'appui. Pour qu'une assemblée populaire puisse être un moyen habituel de gouvernement fort et régulier, il faut qu'elle soit elle-même fortement organisée et gouvernée, ce qui ne se peut qu'autant qu'elle contient de grands partis unis par des principes communs, et marchant avec suite et discipline, sous des chefs reconnus, vers un but déterminé. Or de tels partis ne se forment et ne subsistent que lorsque

des intérêts puissants et des convictions fermes et longues rallient et retiennent ensemble les hommes. Une certaine mesure de foi aux idées et de fidélité aux personnes est la condition vitale des grands partis politiques, comme les
5 grands partis politiques sont la condition du gouvernement libre. Rien de semblable n'existait et n'était près de se former sous Charles II, lorsque le ministère, dit la cabale, essaya de gouverner de concert avec la chambre des communes et selon son vœu. Après tant de secousses et de
10 mécomptes, et surtout dans les régions voisines du pouvoir, les hommes étaient en proie au doute, à la méfiance, à une mobilité continuelle, à un esprit de personnalité tantôt impatiente jusqu'à l'impudeur, tantôt prudente jusqu'à la pusillanimité. La chambre des communes était pleine des
15 débris des partis révolutionnaires ; il n'y avait point de partis politiques capables et dignes de soutenir un gouvernement. Et des hommes tels que Shaftesbury et Buckingham étaient incapables et indignes de former de tels partis ; ils ne savaient que chercher et gagner pour eux-mêmes des parti-
20 sans dans tous les camps, par tous les moyens. Leur politique était effrontément incohérente et contradictoire : tantôt ils unissaient intimement l'Angleterre à la Hollande, tantôt ils livraient la Hollande à Louis XIV, selon qu'ils avaient momentanément besoin de la faveur des zélés
25 protestants anglais ou de celle du grand roi étranger. Ils accordaient la tolérance aux dissidents par respect apparent pour les droits de la conscience, mais en réalité par complaisance pour le roi, qui voulait protéger les catholiques ; puis, sous la pression de la chambre des communes irritée,
30 ils sollicitaient le roi de sanctionner, contre les catholiques et les dissidents, les mesures les plus rigoureuses. Leur politique, intérieure et extérieure, n'offrait qu'une série de tâtonnements et de démentis ; leurs plus équitables mesures

n'étaient que des moyens de corruption et de tromperie insolemment adoptés ou abandonnés tour à tour, et manquaient également de solidité et de sincérité.

Le public, au dedans comme au dehors du parlement, se laissait quelquefois prendre à ces pièges. Rien n'égale l'empressement des passions populaires à croire ce qui leur plait et à tout excuser de qui les sert. Les roués de la cabale obtenaient par moments quelque faveur ; mais elle se retirait d'eux aussi vite qu'elle leur était venue. Leur vie licencieuse, la perversité affichée de leurs mœurs, la versatilité de leur conduite, la vanité de leurs promesses, choquaient le sens moral du pays, qui conservait, au milieu de tant de scandales et de mécomptes, un fonds solide de foi et de vertu. Il eût fait plus, à coup sûr, que de s'indigner, s'il eût su que son roi, avec la connivence de ses principaux conseillers, concluait avec Louis XIV des traités secrets par lesquels il s'engageait à se déclarer catholique dès qu'il pourrait le faire avec quelque sûreté, et vendait en attendant, pour quelques millions, l'indépendance de la politique et des institutions de son royaume. L'Angleterre ignora longtemps ces actes honteux; mais quand la méfiance est profonde, l'ignorance publique a des pressentiments qui souvent égarent et quelquefois éclairent merveilleusement les peuples. Sans savoir à quel point les ministres de la cabale abaissaient et trahissaient leur pays, non seulement la chambre des communes ne se livra point à eux, mais elle finit par les attaquer violemment ; et ils tombèrent sous les coups d'un pouvoir qu'ils avaient grandi en le flattant pour s'en servir, mais sans avoir fait faire aucun progrès à l'organisation des partis politiques dans le parlement et à leur action régulière dans le gouvernement.

Leur successeur, sir Thomas Osborne, comte de Danby, eut bien plus de sens politique et plus d'influence sur le

développement du régime parlementaire dans son pays.
Entré aux affaires sous les auspices des ministres de la
cabale, et associé de bonne heure à quelques-unes de leurs
mauvaises pratiques, il différait d'eux essentiellement, car il
provenait du pays, non de la cour. Simple gentilhomme du
comté d'York, les gentilshommes de province étaient vraiment son parti, et la chambre des communes sa patrie
politique. Il soutint ardemment la cause de la couronne et
de son pouvoir, mais en l'unissant au parlement au lieu de
l'en isoler. Il s'appliqua, par toutes sortes de moyens, bons
et mauvais, en persuadant les esprits et en achetant les
suffrages, à former dans la chambre des communes un parti
compact, permanent, et à établir entre l'administration et
son parti cette intimité, cette solidarité qui peuvent seules
rendre le pouvoir efficace et fort en ramenant à une même
pensée et à une même action politique ses éléments divers.
Danby comprenait et partageait d'ailleurs, en matière de
religion et de relations extérieures, le sentiment national de
l'Angleterre ; il voulait la sûreté du protestantisme et la
bonne intelligence du gouvernement anglais avec les États
dévoués à cette cause. Il détermina Charles II à conclure
d'abord la paix, puis une alliance avec la Hollande, et à
donner sa nièce Marie en mariage au prince Guillaume
d'Orange. Danby préparait ainsi au dehors un sauveur à la
foi et aux libertés de son pays, en même temps qu'au dedans
il commençait à former solidement ce grand parti de la
prérogative royale et de l'Église qui, depuis cette époque, a
donné tant de force à la monarchie anglaise, et si puissamment concouru à sa stabilité.

Et par une heureuse combinaison de conséquences
opposées, pendant que le bon jugement et l'habileté de
Danby organisaient le parti tory, ses fautes faisaient prendre
au parti whig un énergique et salutaire développement.

C'est l'honneur des whigs qu'ils ont puisé leur origine et les premiers élans de leur grandeur dans la défense des libertés et de la moralité politique du pays. Leur parti est né sous l'invocation de principes et de sentiments généreux. Ce fut dans les luttes contre Danby et son armée de cavaliers transformés en torys qu'il commença à prendre sa physionomie propre et son éclat. Luttes encore très désordonnées et confuses, mais où se manifestèrent clairement deux grands partis parlementaires aspirant l'un et l'autre au gouvernement du pays, pour y pratiquer des politiques réellement diverses, en vertu de principes non pas essentiellement contraires, mais profondément différents.

Soutenue pendant quatre ans, cette lutte aboutit à la chute de Danby, à la dissolution de ce Long-Parlement royaliste qui, depuis dix-huit ans, avec un bizarre mélange de dévouement, de servilité et d'indépendance, faisait la force de la royauté, et à la formation d'un grand ministère whig où les chefs du parti, Temple, Russell, Essex, Hollis, Cavendish, Powle, avec l'aide du chef des modérés flottants, Halifax, et du hardi renégat de la cour, Shaftesbury, devenu le favori populaire, entreprirent de réformer et de conduire le gouvernement.

La circonstance était grande. Pour la première fois, et malgré la longue résistance de la couronne, l'opposition parlementaire conquérait le pouvoir au nom du sentiment public et de la majorité. Saurait-elle l'exercer et s'y maintenir? Donnerait-elle satisfaction aux vœux réels du pays sans ébranler les bases de la monarchie qu'inquiétait son avènement?

Les whigs ne réussirent pas à résoudre ce problème.

Soit défaut d'expérience, soit influence des fausses théories politiques dont le Long-Parlement révolutionnaire avait été imbu, leurs idées sur l'organisation et les conditions du gouvernement constitutionnel étaient confuses, peu pratiques, pleines d'hésitation et de contradiction. Ils avaient à la fois des préjugés monarchiques et des préjugés républicains. Ils essayèrent de constituer le cabinet sur de larges bases, comme pour en faire une sorte de corps intermédiaire, capable de contenir la couronne par le parlement et le parlement par la couronne : essai mal conçu et qui avorta en naissant. Ils portaient l'esprit d'opposition dans l'exercice du pouvoir, et en servant la royauté ils étaient plus préoccupés de s'en défendre que de la soutenir.

Ils vivaient mêlés aux débris des factions anarchiques qui avaient survécu à la révolution, et qui ne cessaient d'attaquer sourdement la monarchie. À peu près nul dans les classes élevées, le parti républicain était faible et impuissant pour son propre succès, même dans la multitude ; mais il avait des agitateurs et des conspirateurs acharnés, prêts à mettre leur savoir-faire et leur vie au service de quiconque leur faisait ou leur laissait espérer quelque satisfaction à leur turbulence et à leurs haines. Les whigs étaient constamment, sinon en connivence, du moins en contact avec ces révolutionnaires de profession dont ils voulaient faire leurs soldats, mais qui à leur tour espéraient faire de leurs chefs leurs instruments, et les compromettaient sans cesse d'abord auprès du roi, puis auprès du pays, monarchique quoique mécontent, et décidément contraire à de nouvelles révolutions.

Contre ces fautes de leur conduite ou ces vices de leur situation, les whigs avaient une ressource dont ils firent un ample et triste usage, la complaisance pour les passions populaires. L'Angleterre, à cette époque, en avait une générale, souveraine, la terreur et l'aversion du papisme. Avertie par un instinct légitime qu'elle était, sur ce point, trahie par son roi, la nation anglaise s'emporta hors de toute raison, de toute justice, de toute humanité. La persécution politique et judiciaire des catholiques fut, pendant trois ans, le crime d'un peuple furieux dans sa foi et d'un roi lâche dans son incrédulité. Les whigs s'unirent ou cédèrent, comme les torys, à cet emportement. Ils eurent, en outre, le mauvais sort d'arriver au pouvoir lorsque les premiers accès de la fureur nationale contre les catholiques commençaient à tomber, et faisaient place à un mouvement de réaction en faveur du bon sens et de l'équité. Ils portèrent ainsi, plus que leurs rivaux, la peine de cette réaction et le poids de la colère cachée du roi, qui prit plaisir à se venger sur eux des iniquités auxquelles il n'avait pas eu le courage de résister.

Leur situation, quant aux affaires étrangères du pays, n'était ni plus simple ni plus sûre. Pendant qu'ils s'élevaient contre la servile intimité du roi avec la cour de France, plusieurs de leurs chefs recevaient eux-mêmes, de Louis XIV, des faveurs et des pensions; quelques-uns par corruption, car le parti populaire avait ses roués comme celui de la cour; d'autres, pleins de patriotisme et d'honneur, dans le chimérique espoir d'employer les moyens d'influence qui leur venaient d'un souverain étranger, au triomphe des libertés de leur patrie. C'est une dangereuse tentative de chercher au dehors des forces secrètes pour agir sur les affaires intérieures de son pays; les plus habiles courent grand risque de servir ainsi les desseins de l'étranger plutôt que leurs propres desseins; et Louis XIV tira bien plus de fruit, pour sa politique, de ses relations avec quelques chefs whigs, qu'ils ne trouvèrent eux-mêmes d'avantages dans l'appui caché qu'il leur prêta pour renverser Danby et pour faire dissoudre le Long-Parlement des cavaliers.

Au milieu de cette situation chargée pour eux de tant d'embarras et de périls, les whigs entreprirent de changer l'ordre de succession au trône, et d'en exclure, par acte du parlement, le légitime successeur. C'était faire une révolution par avance, en vertu de conjectures fondées, mais lointaines, et sans que des faits actuels, évidents, en démontrassent l'absolue nécessité. Les whigs pensaient sans doute qu'en pareille affaire il était plus sage de prévoir que d'attendre, et qu'il valait mieux accomplir sur-le-champ, par voie de délibération légale, ce qu'il faudrait faire plus tard par la force, et peut-être au prix de la guerre civile : vue très superficielle, et qui décèle de leur part peu de connaissance des hommes et des grandes conditions de l'ordre social. Il est plus grave de discuter une révolution que de la faire, et l'État est bien plus ébranlé quand on porte atteinte à ses lois fondamentales, au nom de la raison humaine, que lorsqu'on les enfreint sous le coup de la nécessité. Ce que les whigs demandaient au parlement, c'était d'abolir, par sa seule volonté, et avant que Jacques II eût régné, son droit héréditaire à la couronne ; c'est-à-dire de subordonner, en principe, la base de la monarchie à la délibération du parlement. L'instinct public avertit l'Angleterre que c'était ruiner la monarchie même ; l'esprit monarchique se réveilla rapidement ; la dissidence éclata dans le sein même du cabinet. Parmi les torys les plus modérés, les whigs perdirent tout allié, et se virent réduits aux forces propres de leur parti. Ils se trouvèrent aussi en présence d'un obstacle qu'ils avaient peu prévu, la conscience de Charles II. Ce prince égoïste ne se crut pas en droit de disposer du droit de son frère, et le défendit à tout risque. À l'honneur de la nation anglaise, la passion populaire s'arrêta devant le respect des pouvoirs légaux ; le bill d'exclusion, adopté par la chambre des communes, fut repoussé par la chambre des lords, et rien ne fut tenté pour passer outre et triompher par d'autres moyens.

Mais la question demeura haute sur l'horizon. La chambre des communes, qui avait voté l'exclusion de Jacques II, fut dissoute. Dans celle qui lui succéda, le bill fut proposé et voté de nouveau. Les deux grands partis qui s'étaient progressivement formés dans le cours du règne étaient résolus, les whigs à écarter le monarque futur, les torys à maintenir intacte la monarchie. Charles II prit aussi sa résolution; il prononça la dissolution de la chambre des communes, renvoya les whigs, forma son conseil de torys seuls, et gouverna quatre ans sans parlement. Années lugubres, que l'Angleterre passa à entendre gronder les prochains orages. Rentrés dans l'opposition, les whigs conspirèrent à des degrés et dans des desseins divers : les uns pour ressaisir légalement le pouvoir; les autres pour contraindre le roi, fût-ce par l'insurrection et la guerre civile, à subir ce qu'ils regardaient comme le droit et le vœu du pays; quelques-uns, soldats inférieurs et désespérés du parti, voulaient se défaire à tout prix, même par l'assassinat, du roi et de son frère, seuls obstacles au succès de la cause. Ces complots, tantôt exagérés, tantôt confondus par une publicité incomplète et dans des procès conduits avec une subtile iniquité, jetaient le pays dans des troubles contraires; le parti conservateur s'indignait et s'alarmait pour la sûreté du trône et de l'ordre établi; le parti populaire s'irritait de plus en plus en voyant toutes ses tentatives vaines et ses plus nobles chefs livrés à l'échafaud. La réaction monarchique et l'hostilité destructive grandissaient parallèlement. Les chartes des villes et des principales corporations, dernier rempart du parti populaire, étaient judiciairement attaquées et abolies. Les conspirateurs, dans leur impuissance et leur péril, quittaient le pays, et allaient en Hollande conjurer le prince d'Orange de sauver la foi protestante et les libertés de l'Angleterre. Évidemment, entre les trois grands résultats de la révolution que l'Angleterre avait à cœur de conserver, les deux résultats politiques, l'influence du parlement dans le gouvernement et la prépondérance de la chambre des communes dans le parlement, étaient suspendus et gravement compromis : le résultat religieux, la domination du protestantisme, demeurait encore intact ; c'était l'Église anglicane elle-même qui soutenait invariablement la couronne et frappait d'anathème toute tentative de résistance. Forts de cet appui, les torys ardents, dirigés par Rochester, se groupaient de jour en jour plus étroitement autour de Jacques, oubliant son dévouement à l'Église catholique pour ne voir en lui que le représentant et l'héritier de la monarchie. Mais un tiers parti se formait autour d'Halifax, combattant les mesures violentes, demandant la convocation d'un parlement, et prédisant les périls extrêmes si l'on ne rentrait dans cette voie. Charles hésitait et ajournait, promettant aux torys ardents une inébranlable persévérance à soutenir le droit de son frère, aux modérés le respect de la constitution du pays, à l'Église le ferme maintien de l'établissement protestant ; perplexe et fatigué, employant tout ce qui lui restait d'adresse et de prudence à éluder la nécessité de choisir entre ses promesses. Il mourut avant que les évènements vinssent lui imposer cette nécessité ; mais arrivé au terme de sa vie mondaine, et sur le seuil de la vie éternelle, les inquiétudes du mourant l'emportèrent sur les précautions du roi ; il se refusa aux instances des évêques anglicans, fit appeler un moine bénédictin caché dans son palais, et mourut dans le sein de l'Église catholique, confirmant à sa dernière heure son pays dans les soupçons dont il s'était constamment défendu, et son frère dans la résolution de vivre dévoué à cette Église hors de laquelle, malgré sa sceptique indifférence, Charles lui-même n'osait pas mourir.

CHAPTER VIII.

JAMES II.

Pendant son règne de quatre ans, Jacques II n'eut pas une autre pensée. Ce n'était point par l'entraînement d'une nature forte et dominante, ni pour satisfaire à une ambition passionnée, c'était par un fanatisme inintelligent et intraitable qu'il prétendait au pouvoir absolu. Le principe qui fait la base de la constitution de l'Église romaine, l'infaillibilité et l'indépendance du pouvoir suprême, était pour lui une maxime de gouvernement aussi bien qu'un article de foi. Dans son esprit étroit et roide, l'ordre spirituel et l'ordre temporel étaient aveuglément confondus; et il se croyait, comme roi, en droit d'exiger de ses sujets, dans l'État, cette même soumission absolue que, comme catholique, il était lui-même, dans l'Église, tenu de pratiquer.

Il avait vu, depuis son enfance, ceux qui partageaient sa foi, et lui-même à cause de sa foi, cruellement opprimés. Devenu roi, il regarda la délivrance de l'Église catholique en Angleterre comme son devoir et sa mission; et il ne comprenait nulle autre manière d'accomplir sa délivrance que de lui rendre la domination.

Triste enchaînement des erreurs et des iniquités humaines! Elles s'appellent et s'engendrent l'une l'autre: au lieu de reconnaître et de respecter à la fois leur droit mutuel, protestants et catholiques ne savaient que se persécuter et s'asservir tour à tour.

Soit dans l'espoir sincère de réussir, soit pour se mettre plus tard à l'abri de tout reproche, Jacques essaya d'abord
5 de gouverner légalement. Le jour même où il monta sur le trône, il promit de maintenir les lois établies dans l'Église comme dans l'État. Il convoqua peu après un parlement, et y renouvela solennellement ses promesses.

Quelques actes importants, bien qu'isolés, ne tardèrent
10 pas à les démentir. Il continua de faire percevoir des taxes que le parlement n'avait pas votées. En même temps que, pour plaire à l'Église anglicane, il redoublait de rigueur contre les dissidents, il commença à suspendre l'exécution des lois contre les catholiques, et à porter, au régime
15 politique et religieux de l'État, de graves atteintes.

Son langage était encore plus inquiétant que ses actes. Tout en protestant de la légalité de ses intentions, il faisait toujours entrevoir son droit au pouvoir absolu, et sa résolution d'en faire usage si l'on ne savait pas lui tenir compte de
20 sa modération et s'en contenter.

C'est la prétention tantôt des rois, tantôt des peuples, les uns au nom du droit divin, les autres au nom de la souveraineté populaire, de s'intimider mutuellement en se montrant par avance les coups mortels qu'ils pourraient se
25 porter. Prétention insensée autant qu'insolente, qui énerve et ébranle tantôt le gouvernement, tantôt les libertés du pays. Aux rois et aux peuples il convient également, dans leurs rapports, de ne mettre en lumière que leurs droits légaux, et d'ensevelir dans un profond silence les mystères
30 et les menaces des coups d'État et des révolutions.

Les promesses de Jacques et ses essais de gouvernement légal furent reçus par le pays avec faveur, presque avec enthousiasme. Plus les craintes sont vives, plus les espérances sont empressées. Les torys dominaient dans le parlement. L'Église anglicane s'efforçait de lier le roi aux engagements qu'il prenait envers elle en se montrant de plus en plus monarchique et dévouée. Les dissidents entrevoyaient des chances de tolérance et de liberté. Les bons et les mauvais penchants, les motifs honnêtes et les motifs honteux concouraient pour assurer au roi la soumission patiente et presque servile du pays. À la cour et dans le parlement, la plupart des hommes importants, sceptiques et corrompus, étaient prêts à faire à leur fortune, dans une mesure inconnue, le sacrifice de leurs opinions et de leur honneur. Dans la nation, un sentiment encore profond de lassitude se joignait à l'esprit monarchique et à la discipline religieuse pour réprimer l'explosion des mécontentements et des alarmes. Jacques n'était plus jeune; ses filles, seules héritières du trône, étaient dévouées à la foi protestante: il valait mieux subir quelque temps des maux dont le terme était certain que risquer de nouvelles révolutions.

Les factions ardentes, les conspirateurs de profession, les ambitieux désespérés, les proscrits réfugiés en Hollande, n'étaient pas si résignés, ni si patients. Malgré les conseils du prince d'Orange qui les protégeait et les contenait à la fois, ils tentèrent en Écosse et en Angleterre, sous la conduite du comte d'Argyle et du duc de Monmouth, deux insurrections simultanées. Le peuple en fut ému; une sympathie marquée pour les insurgés se répandit rapidement dans les classes populaires, mais elle n'éclata point. Le parti whig ne soutint point la rébellion; le parti tory aida fortement le roi à les réprimer. Les deux tentatives échouèrent: les deux chefs portèrent leur tête sur l'échafaud: leur sort excita la compassion publique; ni leur personne ni leurs vues ne répondaient au sentiment national.

Mais l'apparence du succès est fatale aux princes faibles

engagés dans une lutte contre leur peuple. Jacques, vainqueur de ses ennemis et obéi de ses sujets, s'abandonna aux vices de sa nature. Il prenait plaisir à l'exercice dur et même cruel du pouvoir ; il trouva dans Jeffreys un ministre
5 hardi et cynique de ses vengeances. Les rigueurs judiciaires exercées contre les partisans d'Argyle et de Monmouth, avec un mépris grossier des garanties légales et des sentiments humains, excitèrent dans le public, élevé ou humble, et soit qu'il eût ou non approuvé la révolte, une indignation et un
10 dégoût profonds. Jacques donna en même temps un libre cours à ses desseins ; il attaqua à la fois l'Église anglicane dans ses droits vitaux et les plus fidèles parmi ses propres serviteurs protestants dans les derniers replis de leur conscience. Les universités d'Oxford et de Cambridge eurent
15 ordre de nommer des catholiques pour chefs à des établissements protestants. Rochester reçut de la bouche du roi la déclaration que, s'il ne se faisait catholique, il perdrait tous ses emplois. Dans le sein même du parti catholique, des menaces si évidemment illégales et extrêmes étaient
20 combattues ; deux coteries, l'une honnête et prudente, l'autre intrigante et emportée, se disputaient auprès du roi l'influence, et lui montraient chaque jour, pour le retenir ou pour l'exciter, l'une le péril où il se précipitait, l'autre le but auquel il aspirait. Rien ne manqua pour éclairer Jacques,
25 ni la loyauté et la longue patience des protestants, ni la modération et les sages conseils des catholiques eux-mêmes. Tout échoua contre son aveugle et sincère entêtement. Il appela officiellement un jésuite, le père Petre, dans son conseil, et ordonna au clergé anglican de lire dans toutes
30 les chaires du royaume la déclaration par laquelle, en vertu de son seul pouvoir, il abolissait définitivement les statuts rendus en parlement contre les dissidents et les catholiques. L'archevêque de Cantorbéry et six évêques se refusèrent à

l'exécution de cet ordre, et présentèrent au roi une pétition. Il les fit arrêter, conduire à la Tour, et poursuivre devant la cour du banc du roi, comme auteurs d'un libelle séditieux.

Au même moment, contre l'attente et au milieu des soupçons, mal fondés mais naturels, de toute l'Angleterre, un fils naquit au roi Jacques: la coterie dominante fit éclater sa joie, se promettant d'élever et de dominer le fils comme le père; et ce régime, jusque-là toléré à raison de son terme prochain, devint la perspective indéfinie de l'avenir.

Aucun désordre n'éclata; le pays demeura immobile; mais les chefs du pays changèrent leurs résolutions. Poussée à bout, l'Église anglicane entrait dans la résistance passive; les partis politiques firent un pas plus décisif. Whigs et torys le firent également. L'expérience avait appris aux whigs que seuls ils ne pouvaient ni rallier la nation, ni fonder le gouvernement; leurs conspirations avaient échoué comme leurs cabinets. Ils eurent la rare sagesse de reconnaître qu'ils ne suffisaient pas eux-mêmes à leurs desseins, et que leur intime union avec leurs anciens adversaires pouvait seule assurer leur succès. Les torys, à leur tour, comprirent que tout principe a sa limite, tout engagement ses conditions, tout devoir sa réciprocité. Ils avaient, depuis quarante ans, soutenu les maximes de non-résistance à la couronne, et gardé à leurs rois une scrupuleuse fidélité. Appelés à une épreuve nouvelle, ils sentirent que leur patrie aussi avait droit à les trouver fidèles, et qu'ils n'étaient pas tenus, pour demeurer conséquents dans leur langage, de livrer servilement à un prince insensé leurs libertés et leur foi. Des noms glorieux, des hommes considérables dans les deux partis, Russell, Sidney et Cavendish, Danby, Shrewsbury et Lumley, se concertèrent et s'unirent. Sondé par eux, le chef du tiers parti, Halifax, déclina toute part active dans leur dessein, mais ne les en détourna point. Et le 30 juin 1688, au moment même où l'acquittement solennel des sept évêques remplissait Londres d'acclamations passionnées, l'amiral Herbert, déguisé en matelot, partit pour la Hollande, portant au prince d'Orange, de la part et sous la signature de ces six chefs des deux partis et de l'évêque de Londres, Compton, l'invitation formelle de venir au secours de la foi et des lois de l'Angleterre, et leur engagement de le soutenir, à tout risque, de tout leur pouvoir.

Guillaume n'attendait que cette démarche. "Ou maintenant, ou jamais," avait-il dit à son confident Dykevelt, en apprenant le procès intenté aux évêques et leur résistance. Dès qu'il eut reçu le message, avec un habile et hardi mélange de franchise et de réticence, il annonça et prépara publiquement son dessein. Il n'allait point, dit-il, faire une conquête et usurper une couronne ; il allait, à la demande des Anglais eux-mêmes, intervenir entre eux et leur roi pour protéger les lois de l'Angleterre et la foi protestante menacées. Il discuta, avec les États Généraux de Hollande, la convenance de l'entreprise, demandant leur aveu et leur appui. Il en informa non seulement les princes protestants, mais l'empereur d'Allemagne et le roi d'Espagne, défenseur, auprès des uns, du protestantisme, auprès des autres, de l'équilibre européen. Jamais entreprise semblable ne fut, à ce point et par avance, avouée, débattue, expliquée, justifiée. L'Europe entière sut et comprit. La conspiration et l'ambition personnelle disparurent dans la grandeur de la cause et de l'évènement. Et moins de quatre mois après l'arrivée du message whig et tory, Guillaume partit pour l'Angleterre, à la tête d'une escadre et d'une armée, emportant l'adhésion secrète et les vœux de la plupart des rois, protestants ou catholiques, et du pape Innocent XI lui-même à qui les procédés hautains de Louis XIV avaient inspiré un vif ressentiment, et la folle témérité de Jacques II un profond mépris.

Jacques seul ne comprit et ne crut point. En vain il recevait de Louis XIV des informations précises et l'offre de secours efficaces; en vain ses propres agents, à la Haye et à Paris, lui rendaient compte de tous les préparatifs et de tous les progrès de l'entreprise. Il se refusa à toutes les propositions, à toutes les lumières. Par un reste d'orgueil anglais et royal, il ne voulait pas être publiquement soutenu par les soldats du roi étranger dont il avait, sans rougir, accepté en secret les dons : par une crainte cachée au fond de son âme, c'était dans le pressentiment de son impuissance qu'il écartait l'idée de son danger. Ce pressentiment ne le trompait point. Plus de six semaines s'écoulèrent entre le débarquement de Guillaume en Angleterre et son triomphe à Londres; il avançait lentement à travers le pays, attendant également la résistance et l'adhésion. La résistance ne se montra nulle part; pas un effort ne fut tenté, pas une goutte de sang ne coula pour la défense de Jacques. Aussi abattu dans le péril qu'obstiné naguère à ne pas le prévoir, il essaya de regagner par ses faiblesses ce qu'il avait perdu par ses témérités : il rétracta tout ce qu'il avait fait, accorda tout ce qu'il avait refusé, rendit aux villes leurs chartes, aux universités leurs privilèges, aux évêques sa faveur, renvoya le père Petre de son conseil, tenta de négocier avec Guillaume. Les faiblesses furent aussi vaines que les témérités avaient été impuissantes. Jacques, enfermé dans son palais, apprenait chaque jour quelque nouvelle défection de ses généraux, de ses conseillers. Sa fille, la princesse Anne, s'évada et alla rejoindre les quartiers du prince. Whitehall devenait une solitude et risquait de devenir bientôt une prison. Jacques s'enfuit à son tour. Reconnu dans sa fuite et ramené à Londres par une multitude inintelligente, après quelques jours encore de perplexités inutiles, il s'enfuit de

nouveau, et pour toujours. Le 18 décembre 1688, il avait
à peine quitté Londres depuis trois heures ; six régiments
anglais et écossais y entrèrent, bannières déployées, au nom
du prince d'Orange. Guillaume lui-même, évitant, par goût
5 autant que par calcul, toute apparence de triomphe, arriva le
soir au palais de Saint-James ; et cinq semaines après, le 22
janvier 1689, un parlement, extraordinairement convoqué
sous le nom de Convention, se réunit à Westminster pour
consacrer et régler la révolution.
10   Là éclatèrent, entre les partis et dans le sein de tous les
partis, les dissidences que le danger commun avait jusque-là
contenues. Parmi les torys, tous les scrupules monarchiques
se réveillèrent. Parmi les whigs, toutes les tentations révolutionnaires reparurent. Les plus timides des torys disaient
15 qu'il serait sage de rappeler le roi Jacques, en obtenant
de lui quelques garanties. Les plus fougueux des whigs
parlaient de fonder une république gouvernée par un conseil
d'État dont le prince d'Orange serait président. Entre ces
opinions extrêmes flottaient les opinions modérées, diverses
20 aussi et troublées. Beaucoup de whigs, monarchiques
d'intention, mais encore imbus des maximes du Long-
Parlement républicain, voulaient qu'on déposât formellement
le roi Jacques, et qu'on n'offrît la couronne à Guillaume
qu'après avoir, par des lois souveraines, organisé la répu-
25 blique dans la monarchie. De leur côté, les torys dévoués à
l'Église demandaient qu'en déclarant le roi Jacques incapable
de gouverner, on respectât les bases de la monarchie, et
qu'on se bornât à instituer une régence. D'autres, plus
hardis, mais subtilement scrupuleux dans leurs principes
30 monarchiques, reconnaissaient, avec les whigs, que Jacques,
par sa conduite et par sa fuite, avait abdiqué le gouvernement ; mais ils soutenaient que, par ce seul fait, le trône, qui
ne pouvait être un seul jour vacant, appartenait de droit à sa
fille aînée, la princesse Marie, et qu'il n'y avait qu'à la

proclamer reine. À mesure que ces divers plans se produisaient, ils étaient expliqués, commentés, discutés avec ardeur dans le public comme dans les deux chambres; les esprits s'échauffaient; les partis se dessinaient; les ambitieux prenaient en main le drapeau dont ils espéraient leur fortune; la division naissait entre les lords et les communes. La révolution, à peine accomplie, était déjà en péril.

Mais le même grand sens politique qui avait uni les chefs des partis dans la résistance les dirigea dans les premiers pas du gouvernement. Ils écartèrent les théories absolues, les questions pratiquement inutiles, réduisirent les actes et les termes, par lesquels le pouvoir nouveau devait être fondé, à ce qui était strictement nécessaire pour lui donner une forte base, et ne s'inquiétèrent que de conclure promptement et de rallier à leur conclusion les grands intérêts du pays. Guillaume vint en aide, d'abord par sa réserve, puis par sa fermeté, à la sagesse des chefs de partis. Il laissa à tous les systèmes, à tous les projets, un libre cours, ne témoignant ni déplaisir, ni désir, et se tenant en dehors de tous les débats. Mais quand il sentit que la crise approchait, il réunit les hommes considérables des deux chambres, et leur déclara, en termes simples, brefs et sans réplique, qu'il était plein de respect pour le droit et la liberté du parlement, mais que lui aussi il avait sa liberté et son droit, et qu'il n'accepterait jamais ni un pouvoir mutilé, ni un trône sur lequel sa femme siégerait au-dessus de lui. La démarche fut décisive : les deux chambres se mirent d'accord; une déclaration fut adoptée qui proclamait à la fois le fait de la vacance du trône, les droits essentiels du peuple anglais, l'élévation de Guillaume et Marie, prince et princesse d'Orange, au trône d'Angleterre; et le 13 février 1689, dans les principaux quartiers de Londres, les acclamations publiques accueillirent la proclamation officielle de l'acte du parlement.

CHAPTER IX.

THE BEGINNINGS OF CONSTITUTIONAL MONARCHY.

C'est le salut des peuples, aux jours de crise de leur destinée, de comprendre et de mettre en pratique, tour à tour par la soumission et par l'action, les conseils que Dieu leur a donnés dans les évènements de leur vie. L'Angleterre avait appris, par ses premières épreuves, qu'une révolution est, en soi, un désordre immense et inconnu, qui inflige à la société de grands maux, de grands périls, de grands crimes, et qu'un peuple sensé peut être un jour contraint d'accepter, mais qu'il doit redouter et repousser jusqu'à l'heure de l'absolue nécessité. L'Angleterre s'en souvint dans ses épreuves nouvelles. Elle supporta beaucoup, elle résista longtemps pour échapper à une nouvelle révolution, et ne s'y résigna qu'à la dernière extrémité, quand elle ne vit plus nul autre moyen de sauver sa foi, ses droits et son honneur. C'est la gloire de la révolution de 1688 d'avoir été un acte de pure défense, et de défense nécessaire: là est la première cause de son succès.

Défensive dans son principe, cette révolution fut en même temps précise et limitée dans son objet. Dans les grandes secousses des sociétés, une fièvre d'ambition universelle, souveraine, impie, saisit quelquefois les hommes;

ils se croient en droit et en pouvoir de porter la main sur toutes choses et de réformer à leur gré le monde. Rien n'est plus insensé ni plus vain que ces vagues emportements de la créature humaine qui, traitant de chaos le grand système au sein duquel sa place est marquée, tente de s'ériger en créateur, et ne réussit qu'à porter, partout où elle touche, le désordre de ses propres rêves. L'Angleterre, en 1688, ne tomba point dans cet égarement; elle n'aspira point à changer les bases de la société et les destinées de l'humanité; elle revendiqua et maintint une foi, des lois, des droits positifs, dans lesquels se renfermaient ses prétentions et ses pensées. Elle accomplit une révolution fière à la fois et modeste, qui donna au pays de nouveaux chefs et de nouvelles garanties, mais qui, ce but une fois atteint, se tint pour satisfaite et s'arrêta, ne voulant rien de moins mais ne prétendant rien de plus.

Cette révolution fut accomplie, non par des soulèvements populaires, mais par des partis politiques organisés : organisés longtemps avant la révolution, dans des vues de gouvernement régulier, non dans un esprit révolutionnaire. Ni le parti tory, ni le parti whig lui-même, malgré les éléments révolutionnaires qui s'y mêlaient, ne s'étaient formés pour renverser l'ordre établi. C'étaient des partis de politique légale, non de conspiration et d'insurrection. Ils furent conduits à changer le gouvernement du pays; ils n'étaient pas nés pour ce dessein, et ils rentrèrent dans l'ordre sans effort, après en être sortis un moment, non par habitude, ni par goût, mais par nécessité.

Et ce ne fut point l'un de ces grands partis longtemps opposés qui eut seul le mérite et le fardeau de la révolution ; ils se rapprochèrent et se concertèrent pour l'accomplir. Ce fut, entre eux, une œuvre de transaction et de nécessité commune, non une victoire ou une défaite. Whigs et torys la virent approcher et l'accueillirent avec des sentiments divers; tous l'acceptèrent et y prirent part.

On a dit souvent en France, et même en Angleterre, que la révolution de 1688 avait été une œuvre essentiellement
5 aristocratique, point populaire, accomplie par les combinaisons et au profit des classes supérieures, non par l'impulsion ni pour le bien du peuple entier.

Remarquable exemple, parmi tant d'autres, de la confusion dans les idées et de l'oubli des faits qui président si
10 souvent à l'appréciation des grands évènements.

La révolution de 1688 a fait, dans l'ordre politique, les deux choses les plus populaires que connaisse l'histoire : elle a proclamé et garanti, d'un côté les droits personnels et universels des simples citoyens, de l'autre la participation
15 active et décisive du pays dans son gouvernement. Toute démocratie qui ne sait pas que c'est là tout ce qu'elle a besoin et droit de réclamer, méconnaît ses plus grands intérêts, et ne saura ni fonder un gouvernement, ni garder ses propres libertés.

20 Dans l'ordre moral, la révolution de 1688 eut un caractère plus populaire encore; elle fut faite au nom et par la force des croyances religieuses du peuple, pour leur sécurité et leur domination. Dans aucun pays et à aucune époque, la foi des masses n'a exercé plus d'empire sur le sort
25 de leur gouvernement.

Populaire dans ses principes et dans ses résultats, la révolution de 1688 fut aristocratique dans l'exécution ; elle fut conçue, préparée et menée à fin par des hommes considérables, représentants fidèles des intérêts et des sentiments
30 de la nation. L'Angleterre a eu ce rare bonheur que des liens puissants et intimes s'y sont établis et perpétués entre les classes diverses de la société. L'aristocratie et la démocratie y ont su vivre et prospérer ensemble, se soutenant

et se réprimant mutuellement. Les chefs ne se sont point isolés du peuple, et le peuple n'a point manqué de chefs. C'est surtout en 1688 que la nation anglaise a recueilli le fruit de cet heureux mélange de hiérarchie et d'harmonie dans l'ordre social. Pour sauver sa foi, ses lois, ses libertés, elle fut réduite à la redoutable nécessité d'une révolution ; elle l'accomplit par des hommes d'ordre et de gouvernement, non par des révolutionnaires. Les mêmes influences qui tentèrent l'œuvre furent aussi celles qui la continrent dans de justes limites et qui se chargèrent de la fonder. La cause du peuple anglais triomphant par les mains de l'aristocratie anglaise, ce fut là le grand caractère de la révolution de 1688, et, dès ses premiers pas, le gage de son avenir.

Ce n'était pas trop de tant d'union et de puissance ; car tel est le vice naturel de toute révolution que la plus nécessaire, la plus légitime, la plus forte jette dans de grands troubles la société qu'elle sauve, et reste longtemps elle-même menacée et précaire. Deux ou trois ans s'étaient à peine écoulés ; déjà le sauveur de l'Angleterre, le roi Guillaume, y était profondément impopulaire. Ses manières à la fois simples et hautaines, son froid silence, son peu de goût, qu'il cachait peu, pour les mœurs de l'aristocratie anglaise, son intimité réservée et ses faveurs prodiguées à quelques anciens amis hollandais, tout, en lui, le rendait étranger et peu agréable au milieu de son nouveau peuple. Il était, en matière de liberté civile et religieuse, bien plus éclairé que les Anglais, et peu enclin à devenir l'instrument des rigueurs de l'intolérance épiscopale et des animosités de l'esprit de parti aristocratique. Il avait peu d'égard pour les exigences du régime constitutionnel, comprenait mal le jeu des partis parlementaires encore confus et à peine formés, se montrait choqué de leur égoïsme, jaloux de leur empire, et défendait contre eux son propre pouvoir, quelquefois avec plus de vigueur que de discernement. Dans son gouvernement comme dans sa pensée, la politique générale de l'Europe était sa grande, presque sa seule affaire : c'était surtout pour disposer, dans sa lutte contre la domination européenne de Louis XIV, de toutes les forces de l'Angleterre, qu'il avait aspiré à son trône ; les passions protestantes du peuple anglais s'accordaient avec ses desseins. Cependant Guillaume compromettait l'Angleterre dans les combinaisons et les guerres du continent plus qu'il ne convenait aux habitudes, aux goûts et aux intérêts de la nation. Elle se fatiguait de se voir de plus en plus engagée dans des efforts et des périls lointains, par ce même prince qu'elle avait appelé pour la délivrer des périls intérieurs ; et Guillaume s'indignait à son tour de trouver, dans ce même peuple, dans ces mêmes partis qu'il avait délivrés sur leur propre sol, si peu de dévouement et d'ardeur pour la grande cause à laquelle se rattachaient si évidemment, à ses yeux, leur sûreté et leurs libertés. De là naissaient, entre le roi et le parlement, des mésintelligences, des amertumes, des conflits qui troublaient et ébranlaient le gouvernement nouveau. Guillaume savait sa force et en usait fièrement : il alla jusqu'à dire qu'il pourrait bien abdiquer et se retirer en Hollande s'il n'était pas mieux compris et mieux soutenu. Quand le péril devenait pressant, le parlement, les partis, l'Église, le peuple sentaient à quel point Guillaume leur était nécessaire, et l'entouraient des plus vives démonstrations. Mais les aigreurs mutuelles renaissaient bientôt ; les partis retournaient à leurs rivalités, le peuple à ses préjugés et à son ignorance, le roi à sa politique européenne, à ses exigences de guerre, à ses susceptibilités de pouvoir. Les jacobites avaient repris l'espérance : battus en Irlande et en Écosse, découverts et condamnés en Angleterre ils n'en renouvelaient pas moins leurs tentatives de guerre civile et de complot. Dans le conseil même de Guillaume, le roi Jacques avait des correspondants qui ménageaient cette chance de l'avenir. Durant tout le cours de ce règne, malgré le facile succès de la révolution, le ferme génie du roi et l'adhésion sincère du pays, l'établissement de 1688 fut sans cesse attaqué et chancelant.

Le même mal subsista sous la reine Anne. Les whigs et les torys, de plus en plus désunis, se disputèrent le pouvoir avec acharnement. Dans la lutte européenne pour la succession d'Espagne, les deux partis poursuivirent d'abord également la politique d'intervention et de guerre continentale du roi Guillaume. Entraînés par la routine et par le succès, les whigs voulurent pousser la guerre sans mesure et au delà de la nécessité. Les torys prirent en main la cause de la paix. C'était le vœu de l'Angleterre; la reine leur était favorable. Ils mirent fin, par le traité d'Utrecht, à la situation tendue et précaire de l'Europe. Mais les torys tenaient de près aux jacobites; malgré sa fidélité protestante, les sentiments de famille se réveillèrent dans le cœur de la reine Anne; les intrigues intérieures se mêlèrent aux complications extérieures : les Stuart bannis purent de nouveau se croire des chances; l'établissement de 1688 parut remis en question. La mort de la reine Anne et l'avènement paisible de la maison de Hanovre le raffermirent. Sous les règnes de George Ier et de George II, les esprits prirent un autre cours : la politique étrangère cessa d'être leur principale affaire; l'administration intérieure, le maintien de la paix, les questions de finances, de colonies, de commerce, le développement et les luttes du régime parlementaire devinrent la préoccupation dominante du gouvernement et du public. Cependant la question de révolution et de dynastie n'était pas éteinte; la nation anglaise ne se sentait aucune affection pour des rois alle-

mands qui ne parlaient point sa langue, se déplaisaient au milieu d'elle, saisissaient avec empressement tous les prétextes de s'en éloigner pour aller vivre dans leur ancien petit État, et la compromettaient sans cesse dans leurs
5 affaires continentales, pour elle sans importance et sans attrait. Les querelles domestiques de la famille royale, les mœurs grossièrement licencieuses de la cour offensaient le pays. La domination mobile, les rivalités égoïstes, les passions factices, les exagérations et les intrigues des partis
10 parlementaires choquaient son honnêteté et son bon sens. En Écosse, en Irlande, en Angleterre même, les conspirations et les insurrections jacobites se reproduisaient obstinément, toujours réprimées, mais trouvant toujours des adhérents passionnés, et n'excitant plus dans le pays aucune ferveur de
15 crainte ni d'antipathie. Au milieu de ces attaques continuelles contre l'ordre établi, l'indifférence, l'inertie, l'humeur critique, la désaffection devenaient des dispositions générales; le public semblait se séparer d'un pouvoir dont il ne se souciait plus. Cinquante-sept ans après l'élan national qui
20 avait porté Guillaume III sur le trône, le petit-fils de Jacques II, à la tête des montagnards écossais, put pénétrer presque sans résistance jusqu'au centre de l'Angleterre; et déjà on se demandait partout s'il n'entrerait pas, sous peu de jours, dans Londres même, aussi facilement que Guillaume
25 y était entré en en chassant son aïeul.

Mais l'Angleterre et son gouvernement n'étaient pas à la merci d'un accès d'humeur populaire, ou de la défaite de quelques régiments, ou d'un coup de main de quelques factieux. Les mêmes forces sociales qui, en 1688, avaient
30 fait la révolution, défendirent et sauvèrent en 1745 l'établissement qu'elle avait fondé. Quand le péril devint évident, les ennemis de cet établissement rencontrèrent devant eux la forte organisation des partis aristocratiques, le bon sens

d'une démocratie disciplinée et la foi d'un peuple chrétien.
Les chefs whigs et beaucoup de chefs torys regardaient leur
honneur et leur fortune politique comme liés à cette cause.
Les partis furent fidèles à leurs chefs. Les classes moyennes
oublièrent leurs mécontentements, leurs déplaisirs et le peu
de sympathie personnelle que leur inspirait le gouvernement,
pour ne plus se préoccuper que des intérêts essentiels du
pays et de leurs propres intérêts. L'Église et les dissidents
se montrèrent animés du même dévouement. Devant cette
intelligente union de l'aristocratie et du peuple, de l'esprit
politique et de l'esprit religieux, le succès des jacobites
s'évanouit aussi rapidement qu'il avait éclaté. Le plus
grand péril qu'ait couru la nouvelle monarchie anglaise
fut en même temps le dernier. À peine, depuis cette
époque, quelques desseins secrets, quelques tentatives aussitôt avortées que conçues, révélèrent encore l'existence de
ses ennemis. Il fallut, à l'établissement de 1688, soixante-
dix ans de laborieuses et douloureuses épreuves pour
surmonter les vices naturels de toute révolution, ramener
dans la société la paix, et devenir un régime incontesté.
En 1760, quand George III monta sur le trône, l'œuvre
était accomplie. J'ai dit par quels moyens et à quel prix.

CHAPTER X.

THE DECLARATION OF INDEPENDENCE.

George III régnait depuis seize ans lorsque, à quatorze cents lieues de sa capitale, plus de deux millions de ses sujets rompirent le lien qui les unissait à son trône, proclamèrent leur indépendance et entreprirent de fonder la
5 république des États-Unis d'Amérique. Sept ans de lutte suffirent pour amener l'Angleterre à reconnaître cette indépendance, et à traiter d'égal à égal avec l'État nouveau. Soixante-sept ans se sont écoulés depuis cette époque; et sans effort, sans évènements extraordinaires, par le seul
10 développement de leurs institutions et d'une prospérité pacifique, les États-Unis ont pris glorieusement leur place parmi les grandes nations. Jamais grandeur si rapide n'a été si peu chèrement achetée à son origine et si peu troublée dans son progrès.
15 Ce n'est pas seulement à l'éloignement de tout rival puissant et aux espaces immenses ouverts devant eux que les États-Unis d'Amérique ont dû cette fortune rare. Des causes moins fortuites et plus morales ont fait aussi la rapidité et la sérénité de leur grandeur.
20 Ils sont entrés dans la vie sous la bannière de la justice et du droit. Pour eux aussi, la révolution qui a commencé leur histoire a été d'abord un acte de défense. Ils réclamaient des garanties et des principes écrits dans leurs

chartes et que le parlement d'Angleterre, qui les leur refusait, avait jadis réclamés lui-même et fait triompher dans la mère patrie, avec bien plus de violences et de désordres que n'en entraînait leur résistance.

Ils ne tentaient point, à vrai dire, une révolution. Leur entreprise était sans doute grande et périlleuse ; ils se donnaient, pour conquérir leur indépendance, la guerre à soutenir contre un ennemi puissant, et un gouvernement central à fonder pour remplacer le pouvoir éloigné dont ils secouaient le joug. Mais ils n'avaient, dans leurs institutions locales et quotidiennes, point de révolution à faire ; chacune des colonies était déjà, pour ses affaires intérieures, librement gouvernée, et ne trouvait, en devenant un État, que peu de changements à apporter dans les maximes et l'organisation des pouvoirs publics. Point de vieil ordre social à craindre, à détester et à détruire ; l'attachement aux lois et aux coutumes anciennes, le respect affectueux du passé, étaient au contraire le sentiment général ; le régime colonial, sous le patronage d'une monarchie lointaine, se transformait sans effort en régime républicain, sous le lien d'un gouvernement fédéral.

De tous les systèmes de gouvernement, le républicain est, à coup sûr, celui auquel l'assentiment général et spontané du pays est le plus nécessaire. On peut concevoir, et l'on a vu, des États monarchiques fondés par la force ; mais la république imposée à une nation, le gouvernement populaire établi contre l'instinct et le vœu du peuple, cela choque le bon sens et le droit. Les colonies anglaises d'Amérique n'eurent point, pour devenir la république des États-Unis, une telle difficulté à surmonter ; elles étaient bien volontairement républicaines ; en adoptant le gouvernement républicain, elles ne firent qu'accomplir le vœu national, et développer, au lieu de l'abolir, leur régime antérieur.

L'ordre social ne fut pas plus troublé que l'ordre politique. Point de lutte entre les classes diverses ; point de déplacement violent des influences. Quoique la couronne d'Angleterre conservât, dans les colonies, des partisans, le même esprit, le même dessein dominaient à tous les degrés de l'échelle sociale ; les familles riches et considérables étaient même, en général, les plus fermement résolues pour la conquête de l'indépendance et la fondation du régime nouveau. Le peuple marchait et l'évènement s'accomplit sous leur direction.

Il n'y avait pas plus de révolution dans les âmes que dans la société. Les idées philosophiques du XVIIIe siècle, son scepticisme moral, son incrédulité religieuse, pénétraient et circulaient sans doute dans les États-Unis d'Amérique ; mais elles n'envahissaient pas complètement les esprits mêmes qu'elles atteignaient ; elles ne s'y implantaient pas avec leurs principes fondamentaux et leurs dernières conséquences ; la gravité morale et le bon sens pratique des vieux puritains persistaient chez la plupart des Américains admirateurs des philosophes français ; et la masse de la population américaine demeurait profondément chrétienne, aussi attachée à ses dogmes qu'à ses libertés, soumise à Dieu et à l'Évangile en même temps qu'elle se soulevait contre le roi et le parlement d'Angleterre, et gouvernée, en luttant pour son indépendance, par cette même foi qui avait amené ses ancêtres sur cette terre pour y poser les fondements sur lesquels s'élevait le nouvel État.

Les idées et les passions qui, au nom de la démocratie, emportent et désorganisent aujourd'hui les sociétés, sont répandues et puissantes dans les États-Unis d'Amérique ; elles y fermentent avec tout ce qu'elles contiennent d'erreurs contagieuses et de vices destructeurs. Mais elles ont été jusqu'ici efficacement contenues et épurées par la foi chrétienne, par les excellentes traditions politiques et les fortes habitudes de légalité qui gouvernent la population. En même temps que les principes d'anarchie se déploient audacieusement sur ce vaste théâtre, les principes d'ordre et de conservation y subsistent, solides et énergiques, dans la société et dans l'homme lui-même ; on reconnaît partout leur présence et leur influence, au sein même du parti qui se qualifie du nom de parti démocratique par excellence ; ils le tempèrent et le règlent, et souvent le sauvent, à son insu, de ses fougueux entraînements. Ce sont ces principes tutélaires qui ont présidé aux origines de la révolution américaine, et lui ont donné le succès. Fasse le ciel que, dans la lutte redoutable qu'ils ont aujourd'hui à soutenir partout, ils continuent de prévaloir au milieu de ce puissant peuple, et qu'ils le détournent toujours à temps des abîmes qui sont si près de ses pas !

Trois grands hommes, Cromwell, Guillaume III et Washington, restent dans l'histoire comme les chefs et les représentants de ces crises souveraines qui ont fait le sort de deux grandes nations. Par l'étendue et l'énergie des talents naturels, Cromwell est peut-être, entre les trois, le plus éminent : il avait l'esprit merveilleusement prompt, ferme, juste, souple, inventif, et une vigueur de caractère qu'aucun obstacle ne rebutait, qu'aucune lutte ne lassait, qui poursuivait ses desseins avec une ardeur et une patience également inépuisables, tour à tour par les voies les plus détournées et les plus lentes, ou par les plus brusques et les plus hardies. Il excellait pareillement à gagner ou à dominer les hommes dans les relations personnelles et intimes, à organiser et à conduire une armée ou un parti. Il avait l'instinct de la popularité et le don de l'autorité, et il sut, avec la même audace, déchaîner et dompter les factions. Mais, né dans le sein d'une révolution, et porté de secousse en secousse au pouvoir suprême,

son génie était et demeura toujours essentiellement révolutionnaire ; il avait appris à connaître les nécessités de l'ordre et du gouvernement ; il n'en savait ni respecter ni pratiquer les lois morales et permanentes. Que ce fût le tort de sa
5 nature ou le vice de sa situation, il manquait de règle et de sérénité dans l'exercice du pouvoir, recourait sur-le-champ aux moyens extrêmes comme un homme toujours assailli par des périls mortels, et perpétuait ou aggravait, par la violence des remèdes, les maux violents qu'il voulait guérir.
10 La fondation d'un gouvernement est une œuvre qui exige des procédés plus réguliers et plus conformes aux lois éternelles de l'ordre moral. Cromwell put asservir la révolution qu'il avait faite, et ne parvint point à la fonder. Moins puissants peut-être par les dons naturels, Guillaume
15 III et Washington ont réussi dans l'entreprise où Cromwell a échoué : ils ont fixé le sort et fondé le gouvernement de leur patrie. C'est que, même au milieu d'une révolution, ils n'ont jamais accepté ni pratiqué la politique révolutionnaire ; ils n'ont jamais recherché ni subi cette situation fatale d'avoir
20 d'abord les violences anarchiques pour marche-pied, puis les violences despotiques pour nécessité de leur pouvoir. Ils se sont trouvés, ou se sont placés eux-mêmes, dès leurs premiers pas, dans les voies régulières et dans les conditions permanentes du gouvernement. Guillaume était un prince
25 ambitieux ; il est puéril de croire que, jusqu'à l'appel qui lui fut adressé de Londres en 1688, il fût resté étranger au désir de monter sur le trône d'Angleterre, et au travail depuis longtemps entrepris pour l'y porter. Guillaume suivait pas à pas les progrès de ce travail, sans en accepter
30 la complicité, mais sans en repousser le but, sans y encourager, mais en en protégeant les auteurs. Son ambition avait en même temps ce caractère qu'elle s'attachait au triomphe d'une cause grande et juste, la cause de la liberté

religieuse et de l'équilibre européen. Jamais homme n'a fait, plus que Guillaume, d'un grand dessein politique, la pensée et le but unique de sa vie. Il avait la passion de l'œuvre qu'il accomplissait, et sa propre grandeur n'était pour lui qu'un moyen. Dans ses perspectives de la couronne d'Angleterre, il ne tenta point de réussir par la violence et le désordre ; il avait l'esprit trop haut et trop bien réglé pour ne pas connaître le vice incurable de tels succès, et pour en accepter le joug. Mais quand la carrière lui fut ouverte par l'Angleterre elle-même, il ne s'arrêta point devant les scrupules de l'homme privé ; il voulait que sa cause triomphât et recueillir l'honneur de son triomphe. Glorieux mélange d'habileté et de foi, d'ambition et de dévouement, Washington n'avait point d'ambition ; sa patrie eut besoin de lui ; il devint grand pour la servir, par devoir plutôt que par goût, et quelquefois même avec un pénible effort. Les épreuves de la vie publique lui étaient amères ; il préférait l'indépendance de la vie privée et le repos de l'âme à l'exercice du pouvoir. Mais il accepta sans hésiter la tâche que lui imposait son pays ; et, en l'accomplissant, il ne se permit, envers son pays ni envers lui-même, aucune complaisance, pour en alléger le fardeau. Né pour gouverner, quoiqu'il y prît peu de plaisir, il disait au peuple américain ce qu'il croyait vrai, et maintenait, en le gouvernant, ce qu'il croyait sage avec une fermeté aussi inébranlable que simple, et un sacrifice de la popularité d'autant plus méritoire qu'il n'en était point dédommagé par les joies de la domination. Serviteur d'une république naissante, où l'esprit démocratique prévalait, il obtint sa confiance et assura son triomphe en soutenant ses intérêts contre ses penchants, et en pratiquant cette politique à la fois modeste et sévère, réservée et indépendante, qui ne semble appartenir qu'au chef d'un sénat aristocratique placé à la tête d'un État ancien.

Succès rare, et qui fait un égal honneur à Washington et à son pays.

Soit qu'on regarde à la destinée des nations, ou à celle des grands hommes, qu'il s'agisse d'une monarchie ou d'une
5 république, d'une société aristocratique ou démocratique, la même lumière brille dans les faits : le succès définitif ne s'obtient qu'au nom des mêmes principes et par les mêmes voies. L'esprit révolutionnaire est fatal aux grandeurs qu'il élève comme à celles qu'il renverse. La politique qui
10 conserve les États est aussi la seule qui termine et fonde les révolutions.

NOTES.

The references are to the tenth and subsequent editions of Eve and de Baudiss's Wellington College French Grammar. Unless otherwise stated, the numbers refer to the sections of the Syntax.

CHAPTER I.

PAGE 1.

l. 1. *d'Angleterre. E.B.* 17 (3).
a réussi, 'succeeded.' Notice the tense which runs through these general remarks not arranged chronologically, *E.B.* 173.

l. 5. *n'ont plus...d'obscurités*, 'have no longer any mystery about them,' 'have lost their mystery.'

l. 6. *ses lumières*, 'the light it (time) throws upon them'; note another meaning of *lumières*, 'knowledge,' 'intelligence.' See p. 6, l. 26.

La France est entrée...shows the date of publication, 1789 being the date of the great French Revolution, 1848 that of several revolutions in Europe. Notice the tense of *précipitait*.

l. 8. *ouvertes*. We do not use the same metaphor; this sentence must be rendered rather freely,—'Sixty years ago France began to follow the lead of England; only yesterday Europe was rushing headlong in the same direction.'

l. 11. *poursuivent* and *agite* (p. 2, l. 3). See *E.B.* 169 a for tense.

l. 12. *à travers*... might be rendered freely 'through a series of revolutions, a mysterious ordeal which, as nations pass through it well or ill, ennobles them or leads them astray for centuries.' The genitive almost represents an apposition, *E.B.* 139 a. *À travers* is generally used rather than *au travers de* where there is an idea of forcing one's way through.

PAGE 2.

l. 1. *C'est*, in English 'it was.'
qu'a commencé; why inverted order? E.B. 12.

l. 5. *atteint.* Many of the metaphorical uses of *atteindre* are connected with the idea of striking from a distance. Thus it is often applied to sickness, calumny, &c. The simple meanings 'to reach' and 'to overtake' are common enough.

l. 6. *avait été.* We should say 'was.' French is more logically correct, the time denoted being in the author's mind anterior to the political revolution.

l. 9. *élan*, 'enthusiastic effort.' It is the noun corresponding to *s'élancer*, and all its meanings can be brought back to the idea of a sudden spring or rush.

l. 10. *C'est juger...*, 'such a verdict is hasty and superficial.'

l. 11. *à eux-mêmes fatale*, an unusual order; compare *une valeur à nulle autre seconde.*

l. 13. *s'en sont laissé abuser; en* means *by it; abuser* governs *se* in the accusative and therefore means 'to deceive,' E.B. 122 note. Why is *laissé* uninflected? E.B. 228. In English, we should simply say 'were misled by it,' which is less true and less picturesque than the French, E.B. 185 a. Be careful not to render 'have been misled.' Like *a entraîné, ont méconnu*, it is a true past indefinite.

Préoccupés. Notice throughout the book the frequent use of participles to begin a sentence, E.B. 230 a. It is generally necessary to avoid a literal translation. Here, for example, say 'in their eagerness.'

l. 16. *à lui seul*, E.B. 151, where *à nous deux* is the nearest parallel.

l. 20. *souverain.* Perhaps 'conclusive' is the best English; *souverain* often means 'the best of its kind.' Notice that *un remède souverain*, 'a sovereign remedy,' is good French.

avec éclat. Bring in the word 'striking.'

l. 21. *Deux pays protestants.* A French Catholic might have held a different view to M. Guizot.

de l'Europe, E.B. 125 (4).

l. 24. *Il faut ignorer...*, 'it argues strange ignorance.'

l. 25. *se fût...soutenue*, 'would have been maintained.' *Se fût... soutenue* is equivalent to *se serait...soutenue.* At the same time *croire*

CHAPTER I.

being used hypothetically (*E.B.* 230) requires a subjunctive in the dependent clause. In Latin, if *fecisset* (he would have done it) has to be put in the subjunctive, the nearly equivalent *facturus erat* is substituted, and becomes *facturus esset*. French cannot do this, *E.B.* 239 a.

l. 27. *dans son principe.* Perhaps bring in the word 'mainspring' in translating.

l. 33. *régnaient...entreprit.* Why different tenses? *E.B.* 172.

PAGE 3.

l. 2. *se déployèrent,* 'came into play,' 'into action.'
l. 3. *sans que, E.B.* 257.
l. 4. *ambitions,* 'aspirations.'
l. 6. *étaient déçues.* Avoid the English word 'deceived.' Why indicative mood? *E.B.* 239.
l. 7. *ne croyaient pas avoir, E.B.* 192.
l. 10. *ils y trouvaient,* i.e. *dans les lois* etc.
l. 11. *prétentions,* not necessarily in a bad sense.
l. 12. *la grande charte,* p. 4, l. 6.
l. 18. *venaient...se disputer, E.B.* 193. The ordinary meaning of *se disputer* is found in the sentence "sept villes se disputent l'honneur d'avoir donné le jour à Homère," but here it means simply 'claim for themselves.'

l. 20. *ressaisir,* a technical word. We use 'seized of,' to mean 'put in possession of.'

l. 21. *positifs. Droits positifs* are those which have a distinct legal sanction, as distinguished from what are known as natural rights, which rest only on belief. The word *positif* is always applied to what is based on hard facts, *a posteriori,* as distinguished from *a priori.* Hence it often comes to mean 'practical' as opposed to 'ideal.'

poursuivre, properly 'to follow out,' but if we keep to one verb, we must use 'try'; which applies to *expériences* 'experiments' as well as to *combinaisons.* We often use 'combinations' in speaking of skilfully combined movements of bodies of troops, whence this metaphor.

les combinaisons.... In the French Revolution the abstract principles advocated by Rousseau in the *Contrat Social* and embodied in the Declaration of the Rights of Man, played an important part. "The effect of the principles of 1789," says Sir Frederick Pollock, "as the Declaration of the Rights of Man is often called, has been to hinder and prevent the development of politics in France, in practice as well as in theory, to an almost incalculable extent."

l. 24. *légales.* Note that Guizot does not say *légitimes.* What is the difference?

l. 25. *telle qu'*, 'in the form in which,' or simply 'as.'

l. 29. *inconséquente,* 'inconsistent,' something of which the several parts do not follow logically one upon another.

compromise, 'endangered.' Avoid 'compromised'; it is more frequently used in the sense of conceding something for the sake of agreement.

l. 31. *dont...près, E.B.* 132.

l. 32. *une refonte nouvelle,* literally 'a fresh recasting.' *Fonte* from *fondre* is used of casting metals.

l. 33. *là*, i.e. *chez les réformateurs religieux.*

PAGE 4.

l. 3. *en proie à,* 'at the mercy of.'

l. 5. *tenaient* 'clung,' *E.B.* 152, Obs. 1.

l. 6. *leur grande charte,* 'their Magna Charta.' French, being more akin to Latin, often translates phrases in which we prefer to retain the original, e.g. *Rome carrée* where we must keep to *Roma quadrata.*

livrée. Avoid a literal translation; perhaps 'subject' would do.

l. 7. *antérieure,* used only of precedence in time, not, like the Latin *antiquior,* of precedence in dignity.

l. 9. *devant,* not *avant, E.B.* 163. Compare p. 2, l. 5.

l. 11. *tempérance,* 'moderation.' For the inversion see *E.B.* 12.

l. 13. *qui commençaient* should be rendered by an adjective, perhaps 'incipient.'

l. 15. *ce tort.* We use the definite article, not the demonstrative.

l. 18. *l'agresseur.* Notice the difference of spelling.

l. 19. *sans grande ambition.* This is scarcely true of the earlier part of his life. Both as Prince of Wales and in his first years as King, Charles attempted to set aside the cautious, temporizing foreign policy of his father and to play a conspicuous part in Europe.

l. 20. *déchoir,* 'to be discredited,' 'lose caste.' *Choir* is the Latin *cadere.* The meaning will be seen from the lines

"Ma foi, quand un ouvrage a passé l'ordinaire,
 Si l'on ne veut déchoir, il ne faut plus rien faire."

It is often used in a theological sense, 'to lapse,' 'fall away from a

CHAPTER I.

state of grace'; "L'homme est un ange déchu qui se souvient des cieux." Lamartine. Compare our word 'decadence.'

l. 21. *faire prévaloir*, 'to assert.'

l. 23. *en présence du....* See note p. 7, l. 4.

un favori frivole et vain, Buckingham. This represents only one side of his character. He was capable of large and statesmanlike conceptions, but he lacked the experience as well as the perseverance necessary to carry them out. The other minister referred to is Strafford.

l. 26. *tout parlement*, 'any kind of Parliament,' 'Parliament altogether.'

l. 27. *ambitieux......avec grandeur*, 'whose ambitious, masterful character had an element of greatness.'

l. 28. *sans en être... en=de son roi*. There is a slight difference between *en* and *par lui*, E.B. 130.

l. 29. *ni*, because of the negative in *sans*. Thus *sans trêve ni merci*.

l. 30. *se perdre....* Compare the lines by Harley (Earl of Oxford),

"To serve with love
And shed one's blood
Approved is above;
But here below
Examples show
'Tis fatal to be good."

l. 31. *soi-même*, not *lui-même*, because it is general, as shown by *les rois*, E.B. 107. For the repetition see E.B. 51.

l. 32. *agressif*. See above l. 18.

entreprenant, perhaps 'pushing' or 'rash' is the nearest rendering. The corresponding English word is confined to a good sense: the French word has often a bad sense.

PAGE 5.

l. 5. *divers d'origine*, genitive of respect, E.B. 135.

l. 6. *étrangers*, to be taken with *à la cour*.

l. 7. *d'un commun accord*, E.B. 137.

l. 8. *les abus*, for example, the High Commission Court, the Star Chamber, the claim to levy Customs without consent of Parliament, and the relics of feudal claims which had been attacked in the reign of James I. Compare the famous sitting of the French National Assembly on Aug. 4th, 1789, described in Carlyle's *French Revolution*, Part I., Book VI., Chap. 2, quoted in note on p. 11, l. 25.

l. 9. *vieillis*. Why can this neuter verb be used thus in the past participle? *E.B.* 185.

l. 10. *place*, here in its technical sense of a 'fortress,' *place forte*.

l. 16. *altérer*, nearly always used of a change for the worse. But see p. 7, l. 23. Notice the derived meaning of the past participle, 'thirsty,' especially in a metaphorical sense *altéré de sang*. The steps to that meaning are said to be (1) to change, (2) to 'affect,' 'excite' as in a line of Boileau,

"Quel sujet inconnu vous trouble et vous altère?"

(3) to excite to thirst. *Désaltérer* is applied solely to thirst.

au fond, contrasted with *défiguré*. Perhaps 'form' and 'substance' might be used to represent the antithesis.

l. 17. *n'en a le droit*. Here *en = d'aller*. For *n'* see *E.B.* 291.

l. 18. *injustement jugé*. It will be remembered that Strafford's trial before the House of Lords on the impeachment of the Commons was never completed. He was pronounced guilty of high treason by an Act of Attainder, which was a parliamentary, not a judicial decision. The merits of the case are discussed in Hallam's *Constitutional History*, Ch. 9.

l. 20. *les évêques*. The bill for depriving them of their votes in the House of Lords was supported even by Falkland.

l. 21. *ne se relèveront point*. The strict sequence of tenses would require *ne devaient point se relever*. But the future is both more picturesque and stronger and is used here just as the historical present is often substituted for a past tense. In English, the difficulty is avoided by saying 'never to rise again.'

mal mesurés, 'ill-aimed,' 'ill-judged,' in the sense in which a racquet or tennis player would use the word 'judge.'

l. 24. *Des incidents graves*, for example, the petition of the City of London for the entire abolition of episcopacy.

des voix courageuses, for example, Hyde's protest against the Bishops' Votes Bill, and Lord Digby's against the attainder of Strafford.

signalaient. The obsolete meaning of *signaler*, still retained in the noun *signalement*, is to draw up an official description of a recruit. It is also used of describing a person to the police. Hence its meaning here is 'to call attention to.'

l. 26. *traits de lumière*, we should change the metaphor and say

CHAPTER I.

'glimpses or intuitions of.' For the tense *n'ont manqué* see note on p. 1, l. 1.

l. 27. *la nécessité...*, 'the necessity of winning the day and the splendour of the victory.'

l. 28. *refoulaient*, literally to 'press back.' Its use will be seen from expressions like—*cet obstacle refoula le torrent, la masse des fuyards fut refoulée par la cavalerie.* In English we might use a different metaphor and say 'threw completely into the background.'

l. 29. *pressentiment*. Note the difference of spelling from English.

l. 32. *auteurs*, rendered by a clause in English. The French language uses apposition more freely than we do; not to mention that nouns like *auteur* are much used as adjectives, *E.B.* 37.

PAGE 6.

l. 1. *Comment conserver.* Notice the rhetorical question asked in the Infinitive mood, a common construction in Latin, "Mene incepto desistere victam!" See *E.B.* 194.

l. 3. *serait*—rather than *fût*. *E.B.* 249.

l. 6. *perplexes*—one of the many French adjectives formed from Latin participles, while the corresponding verbs are not retained, or appear in some other form. Others are—*confus* (side by side with *confondu*), *ras, exprès, dévot, pervers, fixe, intact.* So in English 'fraught,' 'rapt.'

l. 7. *en leur cédant*, 'while' or 'although' yielding. This concessive use is often preceded by *tout. E.B.* 213.

Si le roi reprenait. E.B. 276. In English we should prefer to say 'should resume,' 'were to resume,' especially as the sentence contains the thoughts of the political reformers, and would be put in oblique oration in Latin or German.

l. 14. *lui imposer, E.B.* 144.

l. 16. *désarmer*, a neuter verb, not *se désarmer*, which is rarely used, and then only of taking off one's armour.

l. 18. *Un seul moyen.* A literal translation will be hardly emphatic enough. Begin 'there was, in their eyes, but one possible guarantee...'

l. 19. *retînt*, subjunctive, as nearly equivalent to a wish or command. *E.B.* 247, or perhaps more like the Latin "Est hoc commune vitium ut invidia gloriae comes sit."

l. 20. *mis dans...*, 'permanently incapacitated...'

l. 23. *auquel est parvenue.* Notice the inversions in this and other clauses of this sentence. *E.B.* 12. As to the sentiment, see Sir F. Pollock's *Science of Politics*, p. 80 note, "The distribution of real political power between the Crown and the two Houses of Parliament was still undefined at the date of Blackstone's description. We now say that political power, as distinct from regal sovereignty, is, in the last resort, with the majority of the House of Commons."

l. 25. *il y a deux siècles*, not the same as *depuis deux siècles*.
l. 30. *lui faire espérer*. For the dative see *E.B.* 115.
l. 31. *peu*, 'not enough.' Distinguish carefully from *un peu*.
l. 32. *pour n'avoir*, "that he may have no further reason to be anxious about them." For *avoir à* see *E.B.* 203, Obs. 2.
l. 33. *n'en peut jouir*, without *pas*, *E.B.* 296. The usual order is *ne peut en jouir*.

PAGE 7.

l. 1. *sécurité*—retains the meaning of its Latin original, 'absence of care'; the older derivative *sûreté* has got the wider meaning of safety. A passage of Bossuet, quoted by Littré, shows the sense of *sécurité*: "Avec cette certitude que mettait Luther de la rémission des péchés, il ne laissait pas de dire qu'il y avait un certain état dangereux à l'âme qu'il appelle la *sécurité*." We have the same use in Shakespeare's *Macbeth*—

"security
Was ever mortals' chiefest enemy."

l. 4. *en présence*, i.e. of each other, a military term applied to hostile forces ready to join battle.

sans partage—'undivided,' 'unqualified.' An English adjective must often be rendered in French by a noun with a preposition.

l. 5. *Elle leur impose à tous*. Notice the apposition to the pronoun. *E.B.* 51.

l. 7. *ménagements*. The primitive idea of *ménager* is to husband one's resources and use them discreetly, like a wise housekeeper. Hence, in speaking of persons or parties in rivalry with each other, it implies they abstain from pressing advantages too far, from insisting on all possible rights, &c. Do not confuse *ménage* with *manège*, which is connected with horses.

transactions, from *transiger*, 'compromises'; the French *compromettre* is more frequently used in the sense of 'to endanger,' 'to commit,' see p. 3, l. 29.

l. 11. *en définitive*, 'finally,' a legal term applying to the decision that finally settles a case.

l. 12. *obligé*, 'bound over'; render by a clause.

l. 15. *gouvernement commun* means that they shared the power, not that some one else governed both.

l. 16. *ne s'y résignaient point*, 'would not acquiesce in them.'

prétendait, 'claimed,' a sense it constantly has in the following pages. Of course *directement*... must be supplied after *rester*.

l. 19. *à leurs terreurs* goes with *il fallait* repeated.

l. 21. *ce n'était plus*. The difficulty of translating *ne...plus* is often got over by using the phrase 'henceforth,' 'now not.' *E.B.* 288, Obs. 3. Say 'it was now impossible for the House...'

l. 24. *attirer*. We either say 'get' or use a different metaphor, 'concentrate.'

l. 26. *en furent*, one of the many phrases in which *en* cannot be rendered in English. It really means ' starting from the starting-point' (*inde*). See *E.B.* 125, Obs. 3.

l. 28. *prévoyants*, plural as being in all respects an adjective; contrast with *développant* a few lines later, *E.B.* 212 and following sections.

PAGE 8.

l. 1. *présidé*. Distinguish *présider* with accusative and *présider à*. The former is limited to presiding over a meeting, &c., and is not used metaphorically.

l. 8. *À peine commencés;* make this the principal clause in English, 'these attempts had scarcely begun when...' This is one of many instances in which French, like Latin, is more careful than English to make the true principal clause grammatically so.

l. 9. *de régime*. Note the absence of article: *du régime* would have meant 'on the part of the (existing) constitutional government': *de régime* means 'towards' or 'to carry on constitutional government.'

l. 11. *peu sincère*, 'insincere': *peu* or *mal* are constantly the exact equivalents of *in-* or *un-*, *E.B.* Acc. 176. French does not coin negative adjectives as freely as we do, but can often render them by simple ones, e.g. *fourbe*, disingenuous, *âpre*, uncompromising &c.

l. 13. *exclusifs*, not in our sense of excluding other persons from their society, as below, p. 11, l. 9, but of excluding other considerations from their minds; perhaps 'rigid' is the best word.

déjoués et trahis. An example is the encouragement given by the

Court to the Army Plot at the moment when the King was professing to form a Liberal ministry with Bedford as its head. In the same way, just before the crisis, while professing to be guided by Hyde, Colepepper and Falkland, he was in reality listening to the rash counsels of Lord Digby.

l. 17. *n'aurait pas passé.* Note (1) the use of the past conditional, the strictly accurate tense, *E.B.* 177 : (2) the auxiliary *avoir*, denoting the act of transferring the power, not *être*, which would state the fact of its being in new hands.

l. 18. *à présenter*, in English 'to be presented,' a good example of the substantival character of the infinitive. If we say 'for presentation' we avoid thinking of active or passive in connection with it, *E.B.* 207. The Grand Remonstrance (Nov. 22, 1641), the solemn appeal of the leaders of the Long Parliament to the nation to uphold and continue its work, was felt on both sides to be a turning-point in the struggle. Cromwell is said to have exclaimed as he left the House "Had it been rejected, I would have sold to-morrow all I possess and left England for ever." Guizot's remark, "comme s'ils n'étaient pas déjà redressés," shows a very imperfect conception of the nature of the crisis.

l. 20. *de majorité*, 'on which side the majority was,' another good instance of the meaning of a noun with *de* and no article. Think what *de la majorité* would here mean.

l. 23. *Onze voix;* the majority was eleven.

l. 25. *sortait;* notice the imperfect, more dramatic than *sortit.*

où, for *auquel* or *dans lequel*, *entrer* being a neuter verb.

devait, 'was destined.' In English it is more usual entirely to omit it, and to say 'which he never again entered.' This use of the auxiliary verb of mood gives the French a great advantage over us in point of dramatic power. *E.B.* 182.

l. 28. *serait mis;* in speaking of a definite order the conditional is often used, rather than the subjunctive of oblique petition, *E.B.* 249. The expression in direct oration would be *sera mis.* Of course *aussitôt* and *que* must not be taken together.

l. 29. *commençait.* Why a different tense to *cessa? E.B.* 171, 172.

CHAPTER II.

PAGE 9.

l. 1. *tristesses,* 'regrets.' Guizot is fond of plurals of abstract nouns, cf. *influences,* p. 7, l. 8, *colères,* p. 5, l. 12, *justices,* p. 17, l. 33. They are somewhat poetical.

l. 2. *éclatèrent*, 'were heard'; we have no such picturesque word.

l. 12. *Au sein de*, often used where a contrast is intended, for example: "Rencontrant la disette au sein de l'abondance." Boileau.

l. 16. *en redoutait*, 'feared from him.' Remember that our English word 'redoubtable' from *redouter* means 'formidable,' and has nothing to do with renown.

l. 19. *du droit*, 'for right.' Nouns can be connected in French by *de* or *à*, but rarely, as in English, by other prepositions, E.B. 124, Obs. 4; 168 a.

méconnus, 'ignored,' agreeing with *droit* and *loi*, and therefore masculine plural.

l. 20. *au fond des âmes*, 'deeply rooted in men's minds.'
leur voilait, E.B. 145.

l. 21. *préparait*—we say 'had in store.'

PAGE 10.

l. 3. *rudes*—probably 'overbearing' would be the best English translation. The word is used more freely than in English; it is, for example, applied as an epithet to *travail, épreuve, tentation, hiver*. Of its application to persons there is an illustration in Béranger's lines,

"J'épousais, bien jeune encore,
La liberté, dame un peu rude."

Read side by side with this passage Macaulay's celebrated contrast of the Puritans and Cavaliers in the *Essay on Milton*.

l. 6. *âpres et tenaces*, 'uncompromising and pertinacious.' Corneille in Horace uses *âpre* as an epithet of *vertu* in a famous passage,

"Je vous connais encore, et c'est ce qui me tue;
Cette âpre vertu ne m'était pas connue."

Our conversational use of 'angular' throws light on it.

nourris des passions. E.B. 122, Obs. 2.

l. 9. *le sang versé*; what is the exact English equivalent? The phrase is a good illustration of the well-known Latin idiom with the past participle, *ademptus Hector*, 'the loss of Hector,' *post conditam urbem*, 'since the foundation of the city.'

l. 13. *seuls*. Expand a little in translating. E.B. 288 a (3).

Leur lutte couvrait; it is better to turn it a little, 'underlying the struggle between them was a social question.'

l. 15. *Non que*, always followed by the subjunctive, E.B. 242, as in Latin.

profondément séparées. Bring in the phrase 'a sharp line of demarcation.'

l. 16. *entre elles,* 'to each other.'

l. 18. *avec,* 'along with,' not of the instrument.

l. 20. *siégeaient.* What tense in English? *E.B.* 169 a. It is instructive to compare this sentence with the next, in which a pluperfect occurs. In this sentence *siégeaient* means 'had been sitting and were still sitting.' If *survenaient* had been used in the other place it would similarly mean 'had been occurring and were still occurring.' But the author means more; he wants to say that the effects of the changes had been felt and were still being felt. Hence the pluperfect. Perhaps the sense may be still better brought out by substituting an adjective or adjectival phrase, such as 'in operation,' for *survenus.* Then *étaient* and *siégeaient* stand on exactly the same ground.

l. 22. *survenus.* What is the force of *sur* in this word, and of 'super' in the corresponding English compound?

l. 24. *analogues,* 'corresponding.' The meaning will be better understood by remembering that 'analogy' and 'proportion' are synonymous terms in Euclid. The change in the form of government had not been in proportion to the change in the relative position of classes.

se fussent opérés, passive in English. *E.B.* 185 a.

l. 26. *imprimé;* a mathematical term, used especially of the velocity communicated to a mass by the action of a force. Translate 'had given an extraordinary impetus.'

l. 29. *trois fois plus riche,* 'three times as rich,' not four times, as one is at first tempted to think. The fact evidently made a profound impression. Ranke says of Temple's *Plan of Government* (1679): "A doctrinaire by nature, he intended at the same time to carry out the idea of Harrington according to which authority is dependent on the amount of landed property. The property of those summoned to the Privy Council was to be placed in the balance as a counterpoise to the property of the members of the House of Commons."

l. 30. *La haute aristocratie.* The nobility or aristocracy. Guizot uses the epithet because *aristocratie* alone would to a Frenchman include the untitled county families so numerous in England. A few lines below, *noblesse* evidently includes both titled and untitled gentry. Remember to pronounce *aristocracie.*

l. 32. *entourer,* i.e. they still formed the court.

Page 11.

l. 3. *avaient grandi*, not *étaient*, because attention is to be fixed rather on the process of growth than on the result, *E.B.* 184. A literal translation is out of the question. Say 'their increase in dignity was by no means commensurate with their growth in strength.'

l. 4. *De là*. Such sentences without a principal verb are far more common in French than in English. They are very numerous in this book.

l. 9. *haineuse*, 'full of hate,' not 'hateful,' used of actions inspired by hatred. Perhaps 'jealous' is the best translation. In Ponsard's *Charlotte Corday*, Robespierre is called *âme sèche et haineuse*.

l. 13. *se rangeaient*, 'rallied.' Perhaps it would be well to alter the sentence and bring in 'the bulk of' instead of *en masse*.

l. 15. *certains*, 'unmistakeable.' *E.B.* 36.

l. 16. *au sein de;* perhaps 'underlying' is the nearest English; see above, p. 9, l. 12.

l. 17. *effervescence;* we should prefer a geological metaphor and say 'upheaval.'

se frayant, used almost exclusively with words like *chemin*, and as often metaphorically as literally. There is some doubt as to the etymology. It may be derived from the Latin participle *fractus*, in which case the idea is the same as in *route* from *rupta* and as in the German *Bahn brechen*. Or it is, more probably, identical with *frayer*, to rub, chafe, from *fricare*.

l. 25. *chancelantes*, properly 'tottering,' but perhaps 'undermined' is our nearest metaphor. It is probably from *eschanceler* 'to get out of the *cancelli* or guiding barriers.'

du régime féodal. The discussions on the Great Contract (1610) are a conspicuous instance. Contrast with this gradual process the memorable 4th of August, 1789. "With louder and louder vivats—for indeed it is after dinner too—they abolish Tithes, Seignorial dues, Gabelle, excessive Preservation of Game; nay, Privilege, Immunity, Feudalism root and branch; and so finally disperse about three o'clock in the morning, striking the stars with their sublime heads." Carlyle, *French Revolution*, Part I., VI. 2.

l. 27. *régime;* we always use 'system' with 'feudal.'

l. 28. *présidaient*. Compare p. 8, l. 1. The metaphor is an obvious one; we should say 'governed' or 'regulated.' For a *locus classicus* on the Feudal System, see Froude's *England*, Vol. I. Ch. 1;

for a full discussion of the system as established in England, see Stubbs's *Constitutional History*, Vol. I. Ch. 9. The amusing pretensions of the Baron of Bradwardine in *Waverley* illustrate, of course in an exaggerated form, the persistence of feudal ideas.

l. 31. *Elle*, i.e. *une partie de la population*, &c.

l. 33. *l'une.* Usage seems to vary between *une* and *l'une* in this construction. The latter is more definite, and is especially used in apposition, e.g. "Shaftesbury, l'un des héros du parti philosophique." Voltaire.

PAGE 12.

l. 1. *époques de transformation*, 'transition periods.' For use of *où* see *E.B.* 263.

honorées quoique vieillies, a good instance of the participle of a passive verb combined with that of a neuter verb conjugated with *être*. *E.B.* 185.

l. 2. *décident.* *Décider* takes an accusative of the person, and then means 'to induce'; it sometimes takes an accusative of the thing, meaning 'to settle,' but only a neuter pronoun or a word like *un point*, *une querelle*. When however the notion of 'deciding about' is present, it takes, as here, a genitive, *décider du destin*, *de la fortune*, &c. 'To decide' in the sense of making up one's mind is *se décider à quelque chose*.

l. 3. *remplacé.* What is the difference between *remplacer* and *replacer*?

l. 6. *suivis de*, not *par*, *E.B.* 130.

l. 7. *serviteurs*, 'retainers.'

l. 12. *commerçantes*, 'trading,' 'merchant guilds,' referring to the various guilds or companies connected with different trades. *Commercial* could hardly be substituted.

l. 13. *percevaient.* The corresponding nouns are *percepteur*, *perception*, both applied to taxes.

l. 14. *des milices*, 'trainbands.'

la police means the maintenance of order. We use 'police' in the same way, but apply it more frequently to the body of men employed. *Exercer la police* is the regular phrase for maintaining public order and enforcing regulations.

l. 16. *leurs chartes.* As late as 1681 the confiscation of the Charters of London and other cities was one of the abuses of prerogative practised by the Crown.

l. 17. *en petits souverains*, *E.B.* 160 (2).

l. 18. *l'industrie*, 'manufactures.' Note that *industriel* is used of a manufacturer generally, not of the maker of a particular article; you do not say *un industriel de chocolat*, but *un fabricant de chocolat*. A *fabricant de chocolat* is, as a member of a class, *un industriel*, just as *Bruti libertus* is a *libertinus*.

relations. We hardly use the word as absolutely as it is used in French, though we talk of commercial relations, political relations, &c. Perhaps 'connection' or 'influence' would do.

crédit, not financial, but simply 'reputation.' Thus in *Les Plaideurs* the advocate of Citron says

"D'un côté, le crédit du défunt m'épouvante."

l. 20. *usaient*. What is the difference between *user* with genitive and with accusative? *E.B.* 122 note.

l. 23. *l'empire*, 'authority,' keeping closer to the Latin original. Cf. "Un roi qui avait sur ses peuples un empire absolu," Fénelon.

centrale et unique. You can gather from this paragraph what centralization is not. Do not render *unique* by the corresponding English word.

l. 26. *propriétaires de comté*, not *du comté; de comté* is equivalent to an adjective, *E.B.* 20. *Des propriétaires* depends on *les mains*.

l. 28. *les forces administratives*, 'the machinery of government.'

l. 32. *là où*, 'in cases where.'

PAGE 13.

l. 6. *momentanées*, 'temporary' or 'improvised.' This sentence must be turned to make good English.

l. 7. *fournir*, 'to be responsible for' is the nearest English. Think of *fournisseur* 'a contractor,' 'purveyor,' often used where we talk of 'tradesmen,' those who supply a house.

l. 8. *leur part d'action* means freely 'their share in carrying out the general plan.'

l. 10. *une association de ce genre*. "This winter (1642) there arise certain Counties' Associations for mutual defence, against Royalism and plunderous Rupertism; a measure cherished by the Parliament, condemned as treasonable by the King. Of which associations, countable to the number of five or six, we name only one, that of Norfolk, Suffolk, Essex, Cambridge, Herts., with Lord Grey of Wark for commander, where, and under whom Oliver was now serving." Carlyle, *Cromwell*, Part II., letter 3.

l. 12. *jeta*, 'struck.' We should very likely change the metaphor and say 'laid the foundation.'

l. 14. *disposé*, 'prepared for action'; suggesting the military sense of *dispositions*.

l. 15. *rien d'impraticable*, E.B. 129.

l. 16. *commandée*, 'at the bidding of,' not 'superintended by,' as is obvious from the context; so *commander un dîner*, &c.

l. 18. *des deux parts*, E.B. 132.

l. 19. *sans hésitation*. Use an adjective; it qualifies *énergie*.

l. 23. *où*, E.B. 263.

l. 27. *les Cavaliers*. Falkland is a famous example of the better type, "a man learned and accomplished, the centre of a circle which embraced the most liberal thinkers of his day." Green.

l. 29. *sans exigence*. We have no equivalent word to *exigence*; in fact we borrow the French adjective *exigeant* to describe a person who makes excessive claims on one's friendship, &c.; 'disinterested loyalty' is a fair translation of *dévouement sans exigence*.

l. 31. *rendaient*. Keep the tense. For an expansion of this view of the Puritans, read Green's *English People*, Chapter VIII.

inappréciable, 'inestimable,' too great to be appreciated, not, as in English, too small to be appreciated.

l. 32. *la sainteté;* we should say 'purity.'

PAGE 14.

l. 1. *acharnement*, derived from *chair* (*caro*), from which *décharné* is formed, originally applied to setting falcons on *la chair sur le leurre*.

abdiquer, applied a little more freely than in English, where it is limited to an office or a right.

l. 3. *massacres judiciaires*, as in the reigns of Charles II. and James II., in the cases of the Rye House Plot and the Bloody Assizes after Monmouth's rebellion.

l. 5. *cyniques*, derived from the name of a Greek philosophic sect. There is a slight difference between the English and French use of this word. With us the idea of sneering is predominant; in French that of a wanton disregard of the usages of society and the opinions of others. Speaking of Antisthenes and his pupil Diogenes, the founder of the sect, G. H. Lewes (*Biographical History of Philosophy*, p. 152) says "To the polished elegance of Athenian manners the Cynics opposed the most brutal coarseness they could assume. To the friendly flatteries of

CHAPTER II. 121

conversation they opposed the bitterest pungencies of malevolent frankness." The latter point is chiefly brought out in the English use of the word, the former in its French use. Translate 'impudent,' 'wanton,' 'brutal.'

l. 9. *courtes,* 'short-lived.'

l. 10. *le souffle,* 'the baneful influence.' The idea is probably that either of breath carrying infection or of a sirocco blasting.

l. 14. *altérant,* 'deteriorating,' p. 5, l. 16.

l. 20. *délinquants.* The term 'delinquents' first appears in the early sittings of the Long Parliament, and includes all who had taken any part in the illegal proceedings since 1629. Some were at once proceeded against; but we hear of Committees sitting to impose fines on 'delinquents' as late as 1646 and the following years.

l. 22. *source,* without article, *E.B.* 19.

quotidienne, pronounced '*kot*...,' not like the compounds of *quad*..., in which the pronunciation is as in English. The Latin adverb is now written *cottidie* not *quotidie.*

l. 26. *des âmes énergiques.* We should omit '*âmes*' and say simply 'of the strong.' It will be remembered that the Latin *animus* is often suppressed in translating into English.

l. 28. *prétendait,* p. 7, l. 16.

l. 29. *condamné à,* 'forced to adopt.' For some time the Parliamentary generals, especially Essex, were afraid of a decisive victory, and hoped to reduce Charles by a show of force.

l. 31. *beaucoup* takes a plural verb *sentaient, E.B.* 7. Notice that *parmi les royalistes beaucoup* is an exact equivalent of 'many of the royalists.' We say *beaucoup de royalistes,* 'many royalists,' but *beaucoup des royalistes* is not French.

se défiant. Why uninflected? *E.B.* 212 a.

l. 32. *arrière-pensées,* 'ulterior designs.'

qui dépassaient, in English simply 'beyond,' a good example of the roundabout way in which English prepositions placed between two nouns must often be rendered. See Meissner's *Introduction to French Composition,* Chapter VI., for a full discussion.

l. 33. *inquiets pour,* 'anxious about,' 'doubtful of.'

PAGE 15.

l. 1. *s'éteindre. E.B.* 191.

l. 3. *licence,* 'lawlessness.'

NOTES.

l. 4. *égoïsme*, 'selfishness,' not to be confused with *égotisme*.

l. 6. *assistait*. This passage brings out clearly the meaning of *assister*, 'to be a spectator,' 'to be present,' without taking an active part. In older French it has the meaning of 'assist'; in modern French it retains that meaning only in *assister un mourant* used of a priest's ministration to a dying person. Notice *les assistants*, 'the persons present,' but *assistant* in the singular only in a technical meaning, as an officiating priest, &c. Translate 'which took no part in it or only watched it from a distance.'

l. 8. *perdait peu à peu....* In English, *ses notions*... should immediately follow these words. Continue: 'or retained them only in a hazy and uncertain form'; the literal translation of the metaphor *chancelantes* (halting, staggering) would be a little out of place.

l. 11. *frappée*, the slang use of the word 'hit' exactly corresponds, though it cannot be used in translation.

cruellement. Avoid the corresponding English word, which we generally use only with active or passive not with neuter verbs—' at the same time they were affected in their material interests and seriously injured.'

l. 12. *partout présente*. Compare the well-known description in Macaulay's *Essay on Hampden* (I. 484). "The war of the two parties was like the war of Arimanes and Oromasdes, neither of whom, according to the Eastern theologians, has any exclusive domain, who are equally omnipresent, who equally pervade all space, who carry on their eternal strife within every particle of matter."

l. 16. *exploitées*. The ordinary meaning of *exploiter* (from the frequentative of *explicare*, 'to develope') is to work anything for profit, *une mine*, *un prêt*, &c., passing easily to a metaphorical sense. Both are combined in the following passage of Rousseau, "C'est une mine d'or que cette idée, entre des mains qui sauront l'exploiter." Here it has what is perhaps its commonest meaning 'to take unfair advantage of,' a meaning we have borrowed.

jetaient..., 'unsettled and depreciated.' *Trouble* is a legal term for disturbance in possession.

l. 18. *Plus*, 'no more.' *E.B.* 289. For *sécurité* see note on p. 7, l. 1.

l. 19. *atteinte*. See p. 2, l. 5. Translate 'interfered with and disorganized'; 'blasted' would perhaps be too strong for *atteinte*.

l. 22. *tombé*, *E.B.* 185.

l. 26. *ne se fit pas*, *E.B.* 185 a. As in *s'en sont laissé abuser*, p. 2, l. 13, it is impossible to render fully the personification in English.

CHAPTER II. 123

Our idiom would be simply, 'It was not long before its complaints and its wishes were loudly expressed.'

l. 27. *était encore...que déjà*, *E.B.* 266 (2).

l. 28. *la paix.* The story of the dying Falkland ingeminating "Peace, peace," is well known. The incident here referred to took place on Aug. 9, 1643.

l. 33. *retraite*, 'secession.' About 180 members of the House of Commons and a large majority of the Peers obeyed the King's summons to Oxford.

PAGE 16.

l. 1. *un nouveau parti royaliste.* In Aug. 1643, parties at Westminster were very equally divided as to whether they should treat with the King or not. Essex was in favour of doing so.

l. 5. *ne voulaient pas de la paix,* 'would not hear of peace.' *Vouloir* with a genitive is generally used negatively and means literally to wish for a share of. Thus it emphasizes the disinclination more distinctly than *vouloir* with an accusative. *N'osaient pas en vouloir les conditions* just afterwards means 'dared not make up their minds to accept its conditions.'

l. 7. *l'impéritie,* pronounced *impéricie;* translate 'incapacity.'

l. 9. *engagée,* 'commenced.' It is well to remember that the primitive sense of *engager* (from *gage*) is a legal one—'to pledge' or 'pawn.' Hence it is used of a boat stuck in the sand, of an army marching through a defile with no other road open to it, or of a person committed to a course of action. Hence too the use of *engager quelqu'un à quelque chose*, to try and commit a person to a course, i.e. to persuade him.

l. 15. *Des associations*—not of course to be confounded with those mentioned above, p. 13, l. 10.

l. 19. *Sorte de.* For the apposition to a sentence see *E.B.* 19, Obs. 1.

neutralité armée. The phrase is well known as applied to two celebrated combinations. In 1780, during the war between England and the United States, a confederacy of the Baltic powers was formed under the auspices of Catherine II. of Russia, to maintain the rights of neutrals trading with belligerent ports, and thus to hamper the operations of the British navy. The league was revived in 1800 during the Great War.

NOTES.

l. 20. *mais qui....* Notice an adjectival clause coupled with an adjective. In English we must insert 'one,' *E.B.* 88 (2).
combien, 'how deeply.'

l. 21. *blessaient.* In translating we must either lose some of the force of the word, and say 'were at variance with,' or use different English verbs, as we often do in translating from Latin, 'outraged the feelings of the country and ran counter to its interests.'

l. 24. *en le jetant...*, 'while (or 'though') producing a reaction in favour of peace,' *E.B.* 213 (2).

l. 28. *avec la reine.* The Queen crossed over to Holland early in 1642, taking with her the crown jewels to buy arms. She was quicker than the King to see the true bearing of the attacks on the prerogative in his early Parliaments. When her forebodings were justified by events, her influence over him naturally increased.

l. 29. *s'en prenait à lui. Se prendre à* means 'to fasten on to,' 'to attack,' as in the line of Corneille, where it is synonymous with *s'attaquer à*,

" Quand on se prend aux miens, qu'on s'attaque à leur maître."

When a genitive is added, it denotes that in respect of which you attack a person, so that *je me prends à lui des maux* should mean 'I throw the blame of the troubles upon him,' 'I hold him responsible for them.' Finally usage has sanctioned the construction here with *en* as well as *des maux*, *en* being, so to speak, superfluous.

PAGE 17.

l. 2. *ne pouvait plus rien*, 'had no longer any power.' *E.B.* 288, Obs. 3.

l. 5. *s'adressaient*, 'were directed.'

l. 6. *déçues.* In modern French *décevoir* is used only in the past participle; translate 'disappointed.'

l. 9. *les premiers chefs.* Denzil Holles (the associate of Hampden and Pym), Sir Philip Stapleton, Sir William Waller (who commanded in the West early in the Civil War) and others.

l. 11. *ennemis de*, 'who were hostile to.' *Ennemi* is constantly used as an adjective.

l. 12. *un effort suprême.* This was early in 1647, when the King was at Newcastle. The terms offered to him were very similar to those offered at Uxbridge in 1645.

l. 13. *du même coup*, best rendered in English, 'with one stroke.'

l. 18. *imposaient* not *imposèrent.* It means 'were imposing by the terms of that treaty,' and approaches very near to a well-known use of the Latin imperfect, *E.B.* 172, end. The terms included the abolition of episcopacy and the transfer of the command of the army to Parliament, which would have constituted, in his eyes, *la ruine de l'édifice...*, l. 21.

l. 30. *Quand ils auraient,* 'Even if they had,' *E.B.* 284. *réussi à, E.B.* 203 (4).

l. 32. *vrai,* after noun, the adjectives being coupled, *E.B.* 35 (5).

l. 33. *commençait,* 'was beginning.' Notice that *seulement* is used here and not *ne...que, E.B.* 288 a (5), because it is to the verb and not to some other word that 'only' applies.

PAGE 18.

l. 1. *Dès que,* 'from the moment when.'

l. 4. *mépris;* distinguish *mépris,* 'contempt,' connected with *mépriser,* 'to estimate amiss,' from *méprise,* 'mistake,' derived from *méprendre.*

brutal, not quite so strong as the corresponding English; it often means little more than 'downright,' 'uncompromising.'

les chassa refers to Pride's Purge, 1649. The verb *chasser* is often used of dismissing a servant, clerk, &c.

CHAPTER III.

PAGE 19.

l. 2. *a fait,* p. 1, l. 1.

l. 3. *tomber.* It is difficult to reproduce in English the repetition of *tomber.* Perhaps we might say 'struck down Charles I. to be itself ...struck down.' Notice *pour* with infinitive, where a necessary result is treated as if it were a purpose. The metaphor suggests Virgil *Æn.* v. 328.

l. 6. *grande politique,* 'high policy.' It may be convenient to refer to some well-known English judgments on the execution of Charles I. Hallam (*Constitutional History,* Chapter X.) distinctly condemns it on the grounds (1) that Charles was not really the aggressor in the Civil War, (2) that the nation was so evenly divided that neither side, if victorious, had the moral right to inflict the penalties of treason on their opponents, and (3) that the execution was the act of a small minority only. Macaulay (*Essay on Milton* and *History of England,* Chapter I.) dwells on the impolicy of the act (1) as enabling the King, by his courageous bearing during his last hours, to cancel the impression produced by years of misgovernment and deceit, and (2) as supplying the reactionary party with a rallying-point in the person of Charles II. Carlyle (*Cromwell*) brings out in a striking form both the shock to contemporary opinion and the permanent influence of the deed, "Honour to the Brave who deliver us from Phantom-Dynasties in South-Sea Islands and in North!"

commandés, 'enjoined,' 'required.' Cf. p. 13, l. 16.

l. 8. *quelques*, 'a few,' a very common meaning.

l. 9. *C'est la prétention*; avoid a literal rendering.

l. 11. *peuvent*, with two singular nouns joined by *ni...ni*. *E.B.* 3.

l. 14. *querelleur, raisonneurs*. Notice these nouns in *eur* used as adjectives and rendered by adjectives in English. In a well-known play, *Le Grondeur* of Brueys and Palaprat, the contrast is drawn between *un valet raisonneur* and *un valet raisonnable*.

l. 16. *déchaînements*, 'uncontrolled indulgence.'

orgueil d'esprit; is Guizot thinking of 'spiritual pride'?

l. 20. *populaires*. The corresponding English word would hardly do; say 'less aristocratic.'

du plaisir, *E.B.* 122, Obs. (2).

PAGE 20.

l. 1. *À la faveur de*, 'under cover of,' used with *de la nuit, de l'orage*, &c.

l. 4. *dépensé*, not merely 'spent' but 'wasted.'

l. 5. *les écarts*. Most of the senses of this word come from *écarter* meaning 'to discard,' *écart* being 'the discard' or 'rejected cards.' It appears to have existed before cards were invented in the form *esquarter* 'to put *à quart*,' i.e. 'aside.' Here say 'excesses.' There is no trustworthy evidence of Cromwell's having led a wild life as a young man; the statements to that effect can be traced to a scurrilous writer of the Restoration period known as 'Carrion' Heath.

tempérament fougueux, 'passionate nature.'

l. 6. *au service*. Cromwell's first letter in Carlyle's collection is about the maintenance of a 'Lectureship' at Huntingdon. These Lectureships were Puritan foundations, bitterly opposed by Laud. In 1638 he led the opposition to some unjust proceedings in connection with the drainage of the Fens.

l. 9. *pût*, *E.B.* 252.

CHAPTER III. 127

se déployer. The meaning may be gathered from these lines of Corneille:
"Vous verrez tout ce cœur soudain se déployer
Suivre ce qui lui plaît, braver ce qui l'irrite."
Translate 'develope his energies.' The slang phrase 'spread himself' is almost an exact equivalent.

1. 12. *prêt et ardent* both take *à* in French, while the corresponding English adjectives are followed by different prepositions; translate 'ready to speak...with equal enthusiasm.'

1. 13. *expansif avec...*; translate 'sometimes he showed a reckless frankness that carried everything before it.' *Expansif* has no exact English equivalent, but comes very near to our slang word 'gushing.' The following is a curious parallel from Scott's picture of Cromwell in *Woodstock*, "There were even times, when that dark and subtle spirit expanded itself, so as even to conciliate affection."
abandon contains the same idea as *se laisser aller.*

1. 14. *menteur,* 'at other times, he would lie....' This is one of the commonest charges against Cromwell, which Carlyle's *Life* has done much to refute; see especially the discussion of the Army Manifesto of 1647 between Letter 44 and 45.

1. 16. *passionné et grossier.* The French *passionné* does not refer, as the corresponding English word does, to violence of temper, but is applied to various forms of intense feeling; *passionné pour la gloire, pour une femme;* again *un caractère passionné* as opposed to *un caractère léger,* just as in the higher style we speak of 'passionate natures.' Thus it answers very well to *hasardeux* and *mystique.* The difficulty is to find a meaning for *grossier* corresponding to *sensé* and *mystique.* One is tempted to take it of Cromwell's "demeanour so blunt as might sometimes be termed clownish" as Sir Walter Scott puts it in *Woodstock,* but that would scarcely harmonize with the rest; probably 'heavy,' 'apathetic' is right. Perhaps it is best to use nouns in English and say 'combining enthusiasm and stolidity, temerity and circumspection, mysticism and practical good sense.'

sensé, 'circumspect,' 'sober,' or, to use an Americanism, 'level-headed,' a little stronger than 'sensible.'

1. 17. *mystique.* It is very difficult to describe shortly what is meant by 'mysticism' and 'mystics.' Briefly, a mystic is a person of deep religious feeling, who concerns himself not so much with that side of religion which is practical and easily expressed in words as with

the effort to pass beyond the region of ordinary reason, and bring himself into the closest possible communion with God. Good illustrations of mysticism apart from Christianity may be found in Kingsley's *Hypatia*. See also the end of Tennyson's *Holy Grail*. Among Christian mystics the names of Tauler, Thomas à Kempis, St Theresa and Madame Guyon are well known. The phrase *mystique et pratique* would apply very exactly to the late General Gordon.

l. 18. *sans scrupule*, 'unscrupulous.' French has comparatively few negative nouns and adverbs, which would be rather heavy, and supplies their place either by using *mal*, *peu*, &c., p. 8, l. 11, or by phrases like the above.

l. 19. *à tout prix*, 'at any price.' E.B. 109.

l. 22. *irait si loin*, 'reach so high a position.' It is a common phrase for getting on in the world: *ce jeune homme ira loin*. Beware of the English 'go so far,' which has a different meaning.

l. 28. *complicité*, 'co-operation' is the nearest word, but is not quite adequate; 'collusion' is perhaps too strong.

l. 33. *plutôt...que*, 'not so much from religious fanaticism as....'

Sidney, Algernon (1622—1683), executed for supposed complicity in the Rye House Plot, after a mock trial by the notorious Jeffreys. He played a prominent part in the Civil War and during the Commonwealth, but retired from public life during the Protectorate. His famous book *Discourse concerning Government*, which appeared shortly before his death, is a defence of the Whig position against the advocates of "the right divine of kings to govern wrong." "The cause for which Hampden died on the field and Sidney on the scaffold" is a famous Whig toast.

Vane (1612—1662), Sir Harry Vane the younger, who communicated to Pym the notes taken by his father at the Council and then furnished the strongest evidence brought against Strafford at his trial. He subsequently became the leader of the Parliamentary party as opposed to Cromwell, to whom he was a by no means contemptible rival. He was executed in 1662 for having held office under the Commonwealth. Carlyle has an admirably written but not very appreciative character of him in the Introduction to Part VII. of Cromwell's *Life*.

Ludlow, Edmund (1620—1693), one of the King's judges. He refused to acknowledge Cromwell as Protector. After the Restoration he took refuge in Switzerland. The English government had the meanness to demand his extradition. It was, of course, refused.

PAGE **21**.

l. 1. *Harrington* (1611—1677), author of *Oceana*, an elaborate treatise on an ideal government, and founder of the Rota Club mentioned in Scott's *Woodstock*.

Hutchinson (1616—1664). Colonel Hutchinson was governor of Nottingham and is best known by his Memoirs, written by his widow, which give an excellent picture of a Puritan gentleman's family life.

esprits, cœurs. We use neither of these words in the French way; translate 'high-minded, proud men.' *Esprit fort* used to be the French equivalent of 'free-thinker.'

l. 3. *si peu judicieux*, a sweeping and unjust condemnation of a number of men who by no means fall into one class.

l. 6. *sur*, 'as to.'

l. 8. *préparaient*, 'were paving the way for.'

avènement, 'advent.' It really means the same as *arrivée*, but is only used of the accession of a sovereign and in phrases like the one here; *venue* is used of the first and second advent of the Messiah. 'Advent' as an ecclesiastical season is *l'Avent*.

l. 9. *croyaient fonder*, *E.B.* 192.

l. 12. *coteries*, 'cliques.'

érigées en, 'elevated to the dignity of.' Cf. in Boileau

"L'argent en honnête homme érige un scélérat."

l. 13. *ne voulait de*, see note on p. 16, l. 5.

l. 19. *à ce point*, 'so completely,' 'so absolutely.' Remember *au point de*, 'so as to.'

l. 20. *dès la première heure*. We have no word quite as vivid as *dès*, 'starting from,' *E.B.* 164 a, and must simply use 'at.'

sans recours. Use an adjective in English, 'irrevocable.' P. 20, l. 18.

l. 21. *se promirent*. *Se promettre* means 'to resolve' as well as 'to hope.' The former meaning is more suitable here.

l. 22. *sacrer*, 'to invest with a solemn sanction.' *Sacrer* is the word specially used of the religious ceremonies (anointing &c.) connected with the coronation of a sovereign. Notice the metaphorical use of *sacre* in Victor Hugo's famous ode on Napoleon:

"Au sacre du malheur il retrempe ses droits."

l. 23. *la vue*. Bring in the adjective 'shortsighted.'

révolutionnaires; there is no single equivalent word in English, say 'the leaders of revolutions.'

E. G.   9

l. 26. *arrêt*, 'death-warrant.' For *fait*, we use either 'constitutes' or 'is.'

l. 27. *supplice*, 'execution.' It does not necessarily imply torture, though it often does.

l. 29. *ne furent plus...que*, 'were henceforth only...,' *E.B.* 288, Obs. 3.

l. 30. *violents*, 'unnatural.'

l. 31. *sceau*. Notice the number of words pronounced exactly like *sceau*, viz. *sot, saut, seau*, and *Sceaux*, the name of a town.

suprême, 'consummate.'

Page 22.

l. 9. *donne...le change*, a hunting metaphor, meaning to put the hounds off the scent of one fox on to that of another, or on to that of some other animal. The modern political slang is "to trail a red herring across the track." 'Mislead' or 'trifle with' is perhaps the nearest rendering.

l. 10. *à ce point*. See p. 21, l. 19.

l. 11. *saisie*, 'paralysed'; we use the noun 'seizure' in a similar way. Cf. in Mme de Sévigné, "Mme de C. fut saisie du refus de ma mère; elle se tut, elle rougit, elle s'appuya."

trouble, 'bewilderment.'

l. 16. *envahis*. Notice the climax; *violés*, which might apply to any breach of law, is less strong than *attaqués*, and *envahis* is strongest of all. Say 'transgressed, assailed, and trampled on,' the last word being not quite literal.

l. 17. *s'était décidé*. See note to p. 12, l. 2.

l. 19. *ce qui...de droits*, 'whatever rights.' Notice the order, *E.B.* 129.

l. 24. *qualifiés de crimes*, *E.B.* 138.

jamais. Notice its position, and for a similar usage see *E.B.* 27 a.

l. 26. *tombant*, uninflected, as retaining completely its verbal force, even though coupled with a plural adjective *punissables*.

l. 27. *révolte*. Avoid the word 'revolt' in translating, though we use the adjective 'revolting' in this sense. Perhaps the following rendering would do, 'what an universal outburst of indignation and horror would have been witnessed.'

l. 29. *de la sorte*, 'in that way,' *E.B.* 137.

l. 30. *après coup.* Our technical phrase is 'retrospective' or '*ex post facto* legislation.'

prétendus, 'self-constituted.'

l. 32. *on le faisait.* In French it is always necessary to indicate clearly the object of a verb. The repetition of the previous phrase by *le*, enables French to begin with the emphatic words without loss of clearness.

PAGE 23.

l. 3. *touche à,* 'approaches the boundary.' For the various meanings and constructions of *toucher* see *E.B.* App. II.

à la limite. Supply *des attributs de Dieu.*

l. 5. *Il n'y a point.* Cf. the well-known quotation
"nequiquam, quoniam medio de fonte leporum
surgit amari aliquid quod in ipsis floribus angat."
Lucr. IV. 1133.

l. 6. *n'aient, E.B.* 251. For the omission of *pas, E.B.* 300.

l. 11. *soit scrupule,* literally 'be it scruple, be it prudence,' but rendered more freely. Occasionally *soit* is omitted in such phrases. "M. de Talleyrand, indifférence ou calcul, garde ma démission plusieurs jours avant d'en parler." Chateaubriand.

l. 14. *maîtresse souveraine.* Bring in a participle, or turn it into a clause. Notice the concord; we should use 'master' not 'mistress.'

l. 15. *sur,* 'out of,' *E.B.* 164.

l. 18. *régicides,* the adjective, *républicains,* the noun, *E.B.* 37; only a part of the republicans were regicides.

l. 19. *durent se résigner...,* 'were reduced to accept' or 'consented to accept,' *E.B.* 182, Obs. 3.

l. 23. *absolument.* Remember the stress on the *o* in reading.

l. 25. *continueraient, E.B.* 249.

l. 31. *avant qu'on tentât, E.B.* 264. Notice that the Latin indicative after *antequam*, denoting simply priority, has disappeared in French.

l. 33. *assistèrent;* see note on p. 15, l. 6.

PAGE 24.

l. 1. *ce qui, E.B.* 90. The antecedent is a sentence.

l. 3. *désignés,* 'nominated.' We have the word in 'Bishop designate,' applied to a Bishop after he has been nominated by the Crown, but not yet elected by the Chapter.

l. 4. *en petit nombre*, i.e. without a full quorum.
l. 8. *le directeur de la monnaie*, 'the Master of the Mint.'
l. 9. *se fit destituer*. The English is less expressive, 'was cashiered,' *E.B.* 185 a.
l. 11. *le rédiger*. Notice *le* inserted so as to give *rédiger* an accusative, and compare p. 22, l. 32. The English idiomatic phrase, 'as simple as could be drawn up,' could not stand in French.
l. 12. *investis de quelque bénéfice*. Use a single word in English.
l. 23. *Presque nulle part*, 'scarcely anywhere.' Notice *quelque part*, 'somewhere,' *quelque part que*, 'wherever,' *autre part*, 'elsewhere.' In France such changes have been more readily effected.
l. 26. *en en mettant*. The pronoun *en* depends on *responsabilité* and *frais*. The sentence would have been clearer if the object had immediately followed the verb. The second Act referred to was passed Feb. 4, 1650.
l. 28. *ce fut seulement...*, 'it was not until.' *Ce ne fut que* would have meant 'it was only about two years.' The Act was passed Dec. 17, 1650.

PAGE 25.

l. 1. *Jamais peuple*, *E.B.* 27.
l. 3. *son adhésion et son concours*. *Concours* (which also means 'competition') denotes actual co-operation, *adhésion* refers only to assent to the principles of a party. Perhaps 'allegiance and support' would be the best rendering.
l. 8. *couvrait*, 'included,' without any notion of concealment.
l. 16. *Niveleurs*, 'Levellers.' In 1647 they were temporarily suppressed by the execution of Arnald at Ware; in 1649 a mutiny broke out in London, and a trooper named Lockyer was shot; soon after there was a good deal of disaffection in the centre of England, which was put down by Cromwell's march to Burford and the execution of Cornet Thompson. Their literary chief was the famous John Lilburne. The name of 'Levellers' really belonged to the Communists mentioned below, but, as so often happens, was attached to the republican opposition in general.
l. 17. *Communistes*, i.e. those who maintained that all possessions should be held in common and private property abolished. The Paris *Communards* of 1870 were so called because they asserted the independence of the *Commune* or Municipality as against any central government, not because of any adherence to communistic doctrines. The allusion here

CHAPTER III.

is probably to the people who under Everard and Winstanley began digging in the commons at St George's Hill and elsewhere. See Carlyle's *Cromwell*, Part v., after Letter 96.

l. 21. *pamphlets*, such as Lilburne's *England's New Chains Discovered* and *The Agreement of the People*.
promenades, 'demonstrations.'
l. 26. *frappaient de stupeur*, 'paralysed.'
l. 30. *ourdies*. The French verb retains much of the sense of the Latin *ordiri*, which properly means 'to begin weaving.'

PAGE 26.

l. 3. *de secrètes intelligences*. At the time of the Oxfordshire mutiny, a letter from a cavalier to Lord Cottington was intercepted to the effect that all the hopes of the Royalists depended on the goodwill of Charles II. to Lilburne and the Levellers.
de concert, E.B. 137.
l. 5. *se débattait*. Bring in the word 'throes.'
l. 8. *très divers*. Repeat the adjective with both nouns in English.
hautement, 'openly.'
proclamaient. Mind the tense of this and the following verbs.
l. 11. *ses représentants*, e.g. the Marquis of Ormond.
l. 13. *unis*, as in *les Provinces-Unies, les États-Unis*. The word *uni* is often an adjective meaning 'even,' 'simple.'
aussitôt...que, in English 'no sooner...than.'
l. 16. *les liens sociaux*. The English word 'social' has two senses; the French word is limited to the more scientific sense, which we have in phrases like 'social questions,' 'social economy,' &c. Translate 'of society.'
l. 17. *les ressorts*.... The metaphor of a spring losing its elasticity cannot be kept; we might substitute that of machinery getting out of gear.
l. 18. *de comté*..., 'county' or 'parochial,' *E.B.* 20.
l. 21. *plus de*, notice the elliptical sentence.
l. 32. *n'en savait; en* equals *de désordres*.

PAGE 27.

l. 5. *engagés*, p. 16, l. 9.
l. 7. *aveuglément*. *E.B.* Acc. 170.
l. 8. *de nature vicieuse*. We should say 'questionable.'

l. 9. *que*; notice that it qualifies *pour la perdre*.
l. 14. *pourrait*. *E.B.* 249.
l. 15. *quelque*. As a general rule 'any' in a negative sentence is *aucun*, as before *charge*. It would be very awkward to put a second *aucune*, and therefore *quelque* is used.
l. 19. *ilotes*, 'Helots,' the inhabitants of Laconia, conquered by the Spartans and kept by them in a condition very little above slavery. The word has become a common noun in French and has therefore no capital. In Latin there is a form *Ilotae*, side by side with *Helotes*.
l. 28. *ne fut plus même*, 'was henceforth not even....'
l. 31. *séquestre*, 'sequestration,' means the confiscation of the revenue of an estate, leaving the principal intact.

PAGE 28.

l. 1. *partielles*. Distinguish *partiel*, 'pertaining to a part' from *partial*, the opposite of 'impartial,' except in the one phrase *éclipse partiale*.
mobiles, 'shifting,' 'uncertain.'
aggravées..., 'enforced with greater or less rigour.'
l. 2. *l'avidité* depends on *selon*. See the beginning of *Peveril of the Peak* for the opposite.
l. 9. *restait*, 'had been left.'
l. 12. *Ils pouvaient s'en croire...*; *en* stands for *d'en user hardiment*; for *usaient* see *E.B.* 122 note; *se* is dative, *E.B.* 144, Obs. 1. Translate 'they might well have believed they had the right to do so.'
l. 14. *servir d'instrument*, *E.B.* 138.
l. 16. *Milton*; in the *Speech for the Liberty of Unlicensed Printing*, known as *Areopagitica*.
l. 19. *rendit*. *Rendre* is frequently used with *un arrêt*, *une sentence*, 'to pronounce,' less often with *une loi*, 'to promulgate.'
l. 22. *ou*, not *ni*, because *journal* and *écrit périodique* are nearly synonymous.
l. 24. *cautionnement* refers to a deposit made in order to cover any fines that might be imposed.
l. 28. *délai* is used in prose only in its legal sense of a period fixed by the court, &c.; in poetry it often has the sense of the corresponding English word.
l. 30. *semblait pouvoir*...,' 'it seemed as if one sort of liberty... might have hoped for.'

CHAPTER III.

PAGE 29.

l. 2. *tout gouvernement*, p. 4, l. 26.

l. 3. *reconnaissaient à*, E.B. 144. The phrase must be a little turned in English. The fundamental principle of the Independents as against both Presbyterians and the various Episcopal churches is that every congregation constitutes an entirely independent church, as was, probably, more or less the case with the small groups of Christians to whom St Paul's epistles are addressed.

l. 5. *par un de nos plus tristes égarements.* Perhaps 'such is the perversity of our nature' is the nearest English. We have no equivalent to *égarement*, though the word 'perversity' contains the idea of going astray.

l. 7. *inconséquence*, p. 3, l. 29.

l. 9. *se dévouaient;* for tense see E.B. 169 a.

l. 15. *proscription.* This use of the word comes from the Roman practice of posting or writing up lists of persons thenceforth excluded from the protection of the law.

l. 17. *incapacités*, 'disabilities,' i.e. the deprivation of such rights as that of voting at elections, of swearing in a court of justice &c., p. 27, l. 30.

privilégiées, i.e. for the benefit of particular people, those namely who informed against them.

l. 22. *on alla jusqu'à interdire*, 'they went so far as to prohibit.'

l. 27. *manifestât* is in the subjunctive after *qui* dependent on a conditional clause meaning 'such as to' and almost equivalent to a negative.

l. 32. *violences.* Remember that the English word has no plural.

l. 33. *à qui...déplaisaient*, E.B. 146.

PAGE 30.

l. 2. *quelques*, 'a few.'

l. 4. *acceptaient*, 'acquiesced in.'

l. 6. *à qui leur union.* Note the difference of idiom—we say 'whose union made them forget,' E.B. 88 (1); 115.

l. 13. *dérogation* originally refers to the act of taking from or partly repealing an existing law without actually abrogating it. Notice the various compounds of *rogo* applied to legislation. Here translate by using the adjective 'derogatory.'

l. 15. *soldats niveleurs*, the latter word is the adjective. For the few examples of martial law see note to p. 25, l. 16.

l. 17. *une haute cour de justice*, for example that which tried the leaders of the second Civil War in 1649, that by which the Presbyterian minister Love was condemned in 1651, and that before which the insurgents in Norfolk, Nov. 1652, were brought.

l. 21. *Craignait-on*, the interrogative form substituted for a conditional sentence, *E.B.* 283.

l. 22. *débats* is in French not limited to parliamentary debates, but includes the speeches of counsel &c. in a trial.

l. 26. *traduire*, the technical word for bringing a person before a court of justice.

l. 31. *cinq des principaux*. These were the Duke of Hamilton, the Earl of Holland, Lord Capel, who were executed; the Earl of Norwich and Sir John Owen, who were spared. These were the only executions immediately following the second Civil War.

l. 32. *frappant*. Why uninflected? *E.B.* 212 a.

PAGE 31.

l. 1. *entrainé*, 'involved.'

l. 2. *apparat*, 'ceremony.' There is another word from the same root, *appareil*, which differs but little in meaning.

l. 3. *jugeait alors lui-même*. Whitelocke mentions that this was done in several instances, contrary to the advice of the lawyers in the House.

l. 6. *servir* governs a dative only in the sense of 'be useful to.'

l. 7. *N'y avait-il*, *E.B.* 283.

l. 9. *quelques-uns de ces premiers réformateurs*. For example Clement Walker, author of *Anarchia Anglicana*, Sir William Waller, one of the earliest parliamentary generals, and Sir John Clotworthy.

l. 13. *les officiers de fortune*, i.e. men like Dugald Dalgetty, professional soldiers ready to serve any employer. *Officier de fortune* is also applied to officers who have risen from the ranks.

l. 14. *si quelque écrivain royaliste*.

l. 21. *tant exigé;* for order see *E.B.* 118 b.

l. 22. *en fait de*, 'in all that concerns.'

l. 24. *sortis*, 'sprung.' *E.B.* 185.

l. 26. *n'ayant, à l'empire...*, 'with no other title to the authority.'

l. 27. *titre*, *E.B.* 19.

CHAPTER III.

PAGE 32.

l. 1. *à leur égard*, *E.B.* 64 a.
l. 2. *Puissants*, 'powerful as they were,' 'in spite of their power.'
l. 5. *à la domination*. Why put in that order?
l. 6. *s'élever...au niveau de*, 'to rise to.'
acte grand et national differs a little from *grand acte national*. Translate 'at once great and national.'
l. 8. *au dedans*, opposite of *au dehors*, l. 17.
l. 9. *beaucoup de réformes*, for example, the simplification of the title to land.
l. 13. *n'auraient fait que*, 'would only have.' *E.B.* 188 a.
l. 20. *guerres de croyances religieuses*, such as the Revolt of the Netherlands (1565—1582), the wars of the League (1577—1585), the Thirty Years' war (1618—1648).
l. 21. *guerres d'idées politiques*, such as the wars of William III. and Marlborough for the Balance of Power, and the wars connected with the French Revolution.
l. 26. *assurait*, in English, 'would have secured.' *E.B.* 179.
l. 29. *en présence*, 'face to face with,' often involves an idea of hostility (p. 7, l. 4), but scarcely so here.

PAGE 33.

l. 3. *Pourquoi l'Angleterre*. The desire was not wholly on the side of England—"In Holland, the death of the Stadtholder, William of Nassau, enabled the republican party, consisting of the wealthy mercantile class, to regain the direction of affairs; and a plan was set on foot for incorporating the country with England in a republican union, in opposition to the kings of Europe." Bright.
l. 6. *de quoi charmer*. Notice this form of dependent question, 'wherewithal to fascinate,' *E.B.* 83 a, Obs. 1.; 194.
l. 9. *auraient donné*, *E.B.* 177. The pluperfect, which is less accurate, is used in English.
l. 11. *était oubliée*, *E.B.* 179.
l. 12. *un sénat de rois*, the expression applied to the Roman Senate by Cineas, the ambassador sent by Pyrrhus after the battle of Heraclea.
l. 15. *sens*, 'direction,' used especially in mathematics to distinguish the positive and negative directions.

l. 22. *pourrait bien*, not our 'might even,' but 'might really,' 'might actually,' or simply 'might' with a slight stress.

l. 23. *n'y pas consentir*, 'refuse to assent to it.'

seulement; ne...pas seulement means 'not so much as,' and must be carefully distinguished from *non seulement*, 'not only.'

l. 24. *éprouvés*, 'who had stood the test.' One finds phrases like *éprouvés au feu*.

l. 25. *pour sacrifier*, *E.B.* 201.

l. 26. *utopie*, an imaginary republic, title of a book of Sir Thomas More (οὐ-τόπος, nowhere).

l. 29. *la maison d'Orange*. The late Stadtholder William of Nassau had married Mary, daughter of Charles I. Their son was William III. of England.

l. 32. *chimère*. The classical *Chimæra* was a monster made up of a lion, a serpent, and a goat, conquered by Bellerophon. It is used in French, as in English, of an idle fancy.

PAGE 34.

l. 1. *ne sont...impunément*, 'even when abortive, are not made with impunity.' We have no verb to render *avorter*.

l. 2. *Il resta de celle-ci...des méfiances*, i.e. *de cette tentative*. Notice that *resta* is singular, not plural, as it would be in German, *E.B.* 10 a. Translate 'This attempt left behind it a legacy of deep distrust.'

l. 6. *en sorte que*. It is much more usual to put *de sorte que* when an indicative follows. Also the use of *en sorte que* so soon after *sortit* is inelegant.

l. 8. *une lutte passionnée* (1652—1654), famous for the exploits of Van Tromp and De Ruyter on the Dutch, Blake on the English side.

CHAPTER IV.

PAGE 35.

l. 4. *démentis*, governed both by *recevaient* and by *donnaient*. The passage must be somewhat freely translated, 'found their ideas conspicuously falsified or their hopes sadly blighted by events or by their own action.'

l. 6. *dans son sein*, i.e. *dans le sein de l'Europe*.

l. 11. *se décriaient*, 'were becoming discredited.'

CHAPTER IV.

l. 14. *se disposait*, 'was preparing,' 'making his arrangements.' The word retains more of its primitive idea of distribution, arrangement &c. than in English.

l. 17. *ses passions de sectaire*. See *E.B.* 20; *de sectaire* is equivalent to an adjective. Perhaps we might render 'by fanaticism and by ambition.'

l. 19. *tout entier* refers to *se*.

l. 20. *apparut*, 'revealed itself.'

l. 22. *un même homme*, 'one and the same man,' not *le même*, as it is a general statement.

PAGE 36.

l. 2. *se prépara*. It is difficult to find an exact English equivalent; say 'the revolutionary leader disappeared to give place to the dictator.'

l. 4. *son esprit grand et sain*, 'his large mind and sound judgement'; the opposite of 'petty' and 'morbid.'

l. 5. *entrevit*. The meaning is best given by the following quotation, "L'on ne peut pas tout voir; il faut souvent se contenter d'entrevoir." Perhaps 'had a shrewd idea' would do.

l. 7. *avenir*, 'power of development' is perhaps the nearest in this connection; in speaking of a man we should say 'career.'

l. 8. *au sein du pouvoir* means within the body of men in power, and in spite of their having it, p. 9, l. 12. Use a metaphorical expression, perhaps 'at the fountain-head of power.'

l. 13. *mesurés et condamnés*, 'weighed in the balance and found wanting' is our idiomatic phrase.

l. 15. *Une pensée*, equivalent to *une seule pensée*.

ne point s'associer, an instance of the infinitive in apposition, *E.B.* 188 (3). Notice *point*, 'not at all.'

l. 18. *en le servant*, 'by serving it.'

l. 19. *C'était peu*, 'it was not enough,' or more strictly 'not much.'

l. 20. *s'usaient*. What does *user* mean with accusative? *E.B.* 122 note.

l. 24. *de toutes pièces*, in every detail, *E.B.* 137. There is a somewhat similar phrase *tout d'une pièce*.

l. 29. *toujours à la même lumière*, 'still guided by the same light,' i.e. instinctively seeing facts as they are. Both here and just below *toujours* means 'still.'

l. 33. *Cette situation...la lui offrir.* One of the many devices by which the French language avoids the passive. We should say 'was spontaneously offered to him.' It is necessary to keep *cette situation* first.

PAGE 37.

l. 2. *incommodait*, almost, if not quite, equivalent to 'would have embarrassed,' *E.B.* 179. The protasis is implied in *à Londres*, 'if in London.'

l. 4. *soumettre* is a shade less strong than our 'conquer.' Thus Montesquieu says that the character of the Huns led them "à soumettre les peuples, et non pas à les conquérir."

insurgée; the participle has the sense of the pronominal verb, *qui s'était insurgée.*

l. 5. *se fit prier*, i.e. did not consent at once.

l. 8. *de grands et sûrs*. Notice the two adjectives before their noun. *E.B.* 35 (5).

l. 9. *pourvues*, 'found,' 'equipped.'

l. 10. *qu'il partît*, subjunctive, as *était pressé* expresses a wish, *E.B.* 244, 247.

l. 20. *l'attente*, from old strong participle of *attendre*, like *route, fonte* from similar participles of *rompre, fondre*.

les esprits, 'men's minds,' contrasted with *regards*, which we render 'eyes.'

l. 22. *en lui soumettant*, 'by conquering Ireland for it,' literally, 'making Ireland subject to it.' Notice that *soumettre* is used with an accusative only in l. 4.

l. 24. *ennemies* is of course an adjective. In English repeat it with both nouns.

l. 25. *à outrance*, the noun is only used in modern French in this expression and now and then in *à toute outrance*. We have the word in Shakespeare "champion me to the utterance." The corresponding participle *outré* we have borrowed.

l. 26. *n'hésitant pas plus*, not the same as *n'hésitant plus*.

l. 28. *couvrant tout par la nécessité*. Quarter was refused to the garrisons of Drogheda and Wexford, an act which has given rise to much discussion. As to the former Cromwell writes, "truly I believe this bitterness will save much effusion of blood through the goodness of God."

y, i.e. *à la nécessité*.

CHAPTER IV. 141

l. 31. *que s'occupaient*, for inversion see *E.B.* 12.

l. 33. *pénétrer sa conduite...* Use two verbs in English, 'to fathom his motives and forecast his future.' It is an example of a well-known figure of speech called Zeugma, often occurring in Latin and Greek. As a general rule, the use of a single verb with accusatives of different meanings is easier in ancient languages than in modern, and easier in French than in English.

PAGE 38.

l. 1. *l'armée d'Irlande*, i.e. the English army serving in Ireland, *E.B.* 17 (3).

l. 3. *s'en était émue*, *E.B.* 123.

l. 6. *à quel titre*, 'by what right.'

l. 11. *crurent pouvoir profiter*. Notice the accumulation of infinitives, a favourite French construction.

l. 12. *quartiers d'hiver* is used of the interval between campaigns as well as of the place where it is spent.

l. 17. *à lui-même*, *E.B.* 51.

l. 20. *allaient...*, 'were about once more to be confronted.' See p. 7, l. 4.

l. 22. *essaya*. Note the change of tense, as we pass from a description of the state of things to definite incidents.

Fairfax refusa. Lady Fairfax, who had much influence with him, was an ardent presbyterian.

l. 23. *désolé*, 'in despair.' Remember that this word is generally the opposite of *consoler* (from *solari*), and we should not mix up with it the idea of loneliness associated with the English word 'desolate.' Possibly the senses of *sollus* 'complete' and its doublet *solus* 'alone' are mixed in the Latin *desolare*.

l. 27. *qu'il n'avait fait*, as after a comparative, *E.B.* 291.

Autant envers... requires complete remodelling in English. 'His moderation, his patience, his conciliatory demeanour towards...were as conspicuous as his violence...' The *Manifestoes* issued during the march northward, "Declaration to all that are Saints and Partakers of the Faith of God's Elect in Scotland," and "Proclamation to the People of Scotland" are good examples of this.

l. 31. *jusque dans*, 'even within,' literally 'as far as into.'

l. 32. *royalistes*, an adjective, 'more of fanatics than of royalists.'

PAGE 39.

l. 1. *des sectaires*, i.e. the strict Covenanters.
l. 4. *ménageait*, note on p. 7, l. 7; *exploitait*, note on p. 15, l. 16.
l. 8. *en controverse*; see especially Carlyle's *Cromwell*, part VI., letters 147—149.
l. 11. *séduire*, 'conciliate.'
l. 14. *bientôt atteint*, 'on the point of being caught' or 'overtaken'; cf. *atteints* below, l. 22.
l. 18. *décidé* has the sense of a participle of *se décider*, see p. 37, l. 4, and p. 12, l. 2.
l. 23. *errait*. Notice the tense.
l. 25. *transportât*, E.B. 253.
l. 30. *un moment*, 'for a moment.'

PAGE 40.

l. 2. *reconnaissance*, 'gratitude.' The word *gratitude* is not modern French. It exists in older French in the sense of 'favour.'
l. 5. *pressées et fières*, 'eager to...and proud of doing so.'
l. 6. *consacrées*; perhaps 'enshrined' is the best word. One of the most striking instances of this is the deification of the Roman emperors. For a full discussion of that curious phenomenon see Capes's *Early Empire*. In the next sentence, beginning *de là*, Guizot is undoubtedly thinking of Napoleon.
l. 7. *images*, perhaps 'symbols.' The French word is not quite so limited in its use as the English 'image.'
l. 13. *Sectaires*. Notice the omission of the article in enumerations. E.B. 24.
l. 15. *concouraient à...*, 'conspired to glorify Cromwell, as though thereby to share his glory.'
l. 17. *venus*. What French participles can be used like the past participle of a Latin deponent? E.B. 185.
l. 18. *se charmaient eux-mêmes*, 'were gratifying themselves.'
l. 19. *Vous étiez...*, Psalm cxlix. 8.
l. 20. *Aveugles...*, 'blind indeed were they not to suspect.'
se doutaient. What is the difference between *douter* and *se douter*?
l. 29. *dont*; for order see E.B. 84, 85.
exalter means 'to intensify,' though it might perhaps be rendered by a less pedantic word. In ancient chemistry they talked of *l'exalta-*

tion d'un sel, du soufre, &c., i.e. its purification and the consequent intensifying of its properties by sublimation, &c.

l. 31. *sa propre et intime*, 'his own inmost.'

l. 33. *ce n'étaient point là*, E.B. 67, 71.

PAGE 41.

l. 1. *usées*, 'worn out.'

l. 2. *peu conséquente;* see note on p. 8, l. 11; *exigeante* refers to the demands made by Cromwell's creed on his conduct as explained in the next line. Say 'it was a creed neither consistent nor imperious (or stringent).'

l. 7. *Il en coûte peu d'ailleurs.* Begin with 'nor.' *E.B.* 301. For *en* see *E.B.* 142 (4).

l. 8. *fait de son instrument, E.B.* 117. With *faire* a genitive representing the direct object is far more usual than the English construction of two accusatives, the second of which is in apposition to the first.

l. 11. *Aussi*, 'thus,' not 'also.' Translate freely 'his ambition constantly grew with his position and raised him above.' See p. 38, l. 27.

l. 13. *perçaient* gives the idea of coming to the light doubtfully and with effort, as in:

"Ce siècle avait deux ans, Rome remplaçait Sparte;
Déjà Napoléon perçait sous Bonaparte."

Victor Hugo.

Translate freely 'In spite of the humility of his language, there were moments when his acts betrayed the sovereign.' We can talk of 'flashes of genius' but not of 'flashes of monarchy.' *Éclair* gives the idea of something sudden and intermittent.

l. 15. *lui vint.* In this sense *venir* takes the simple dative, not *à* as when it is a verb of motion. *E.B.* 45 a.

armer chevaliers, 'to knight,' 'to dub knight.'

l. 17. *avec humeur. Humeur* here means 'ill-temper.' We should say 'not without annoyance.'

l. 20. *contenance*, 'bearing.' The verb *se contenir* was formerly used to mean 'bear oneself,' 'behave.'

l. 22. *Hugh Peters*, the "army chaplain" of Fairfax and Cromwell. Before 1641 he spent some years in New England as minister of a

NOTES.

church at Salem. He was distinguished by his kind offices to the vanquished party, including Juxon and others of the Royalist clergy.

l. 28. *en face de*, 'confronting.'

l. 33. *restés petits*, 'still petty.' Notice the plural participle with *plupart*, a *collectif partitif*, *E.B.* 7.

PAGE 42.

l. 2. *accaparant*, properly a commercial term from the Italian, the modern 'cornering,' i.e. buying up or getting under one's control the whole stock of a commodity in order to command the market and be able to fix one's own price. It is connected with the root *cap-*, take, and *arrhes*, earnest-money, or rather its Italian form.

l. 3. *faisant servir;* we should perhaps say 'prostituting,' a rather stronger word.

l. 4. *subalternes*, 'subordinate,' 'petty.' The application of the French word is wider than that of the corresponding English word which is almost limited to officers. See p. 47, l. 20.

l. 6. *avenir*, p. 36, l. 7.

l. 11. *engagé*, 'begun,' p. 16, l. 9.

l. 12. *amnistie*. It is worth while to notice the etymology, ἀμνηστία, 'letting bygones be bygones.'

qui proclamât, render by a participle. For the subjunctive see *E.B.* 253. So *qui réglât*, l. 14.

l. 13. *était finie*, indicative because it was a fact, not merely a conception, *E.B.* 239.

loi électorale; we use the less accurate term 'Reform Bill.'

l. 15. *étaient*, *E.B.* 169 a.

l. 17. *sauf à* means 'with the reservation.' We might render it here 'but intended to re-appear.' The question of dissolution was discussed weekly in Grand Committee for nearly a year. "The Wednesday Grand Committee," says Carlyle, "had become a thing like the meeting of the Roman augurs, difficult to go through with complete gravity.

l. 18. *comme des leurres*, not quite 'to catch votes,' but rather to deceive the public. The word *leurre* (and our 'lure') belong to falconry :

"O for a falconer's voice
To lure my tassel-gentle back to me."

Rom. and Jul. II. 2.

CHAPTER IV.

l. 23. *se livrer à*, 'to indulge'; the idea is that of allowing a feeling to be one's master.

l. 24. *dans tous les partis*, p. 47, l. 2.

l. 27. *faire ressortir*, 'to bring out in relief.' Notice that *ressortir* in this meaning is conjugated like *sortir*. E.B. Acc. 113.

l. 29. *perplexe*; see note, p. 6, l. 6.

l. 32. *à relever et à fonder...*, 'to restore the credit of the government and to establish it firmly.'

l. 33. *L'épreuve de la république*, 'the experiment of a republic.' See the conversation soon after Worcester, recorded by Whitelocke, in which Fleetwood, Desborough, Harrison, St John and others took part with Cromwell. See also Carlyle, Part VII., after Letter 184.

PAGE 43.

l. 1. *toujours*, 'still.'

l. 11. *n'en...d'autre*. Notice insertion of *en*.

l. 15. *jusqu'à*. We say 'to the verge of.'

l. 16. *fourbe*, 'disingenuous.' Cf. p. 8, l. 11.

l. 17. *toujours*. Turn negatively in English, 'he never failed to derive.'

l. 18. *compromettre*, not 'endanger' as above, p. 3, l. 29, but 'involve.'

l. 19. *sa lutte* is Cromwell's struggle, not that of the army.

l. 21. *Les passions du fanatique*. Contrast with *ses passions de sectaire*, p. 35, l. 17.

l. 25. *fût*, subjunctive; *quelle iniquité* expresses a feeling. E.B. 244.

l. 26. *recueillissent seuls*, 'should be the only ones to,' E.B. 41 a.

l. 28. *Des pétitions*. The Petition, *par excellence*, was presented Aug. 13, 1652, demanding reform of the Law, the establishment of a Gospel Ministry in England and a new Parliament.

PAGE 44.

l. 1. *le licenciement*, 'that a considerable...should be disbanded.' The reduction of the army began soon after Worcester, and was again and again pressed by Vane.

l. 3. *situation si tendue*, 'extreme tension.'

l. 4. *durait*; for tense see E.B. 169 a.

De part et d'autre, 'on both sides,' E.B. 132.

l. 6. *soudain.* This with *vite* and *bref* are the only adjectives used quite freely as adverbs, though many, as *bon, court* &c., are so used with certain verbs. *E.B.* Acc. 171. *Soudainement* occurs below l. 25.

l. 9. *précisément,* avoid 'precisely' and turn the sentence a little, 'the very object of its Bill was.' *Loi* is often used in the sense of *projet de loi,* as *lex* in Latin. For the adverb see *E.B.* Acc. 170.

l. 10. *devait,* 'ought to have,' *E.B.* 182, Obs. 4.

l. 11. *restaient.* For the tense see *E.B.* 172, end. It is part of the text of the Bill. For *de droit* see *E.B.* 137.

l. 13. *les vides de,* 'the vacancies in.'

l. 14. *pour que, E.B.* 260.

l. 15. *la combinaison,* 'the scheme,' the word being used in the same way as in speaking of military 'combinations.'

l. 16. *chargé de.* We say simply 'for,' *E.B.* 168 a.

l. 19. *Ce n'était point là, E.B.* 71.

l. 20. *un bail nouveau.* We add 'of life.'

l. 25. *brutalité.* The corresponding English word is too strong; *brutal* often means little more than 'unceremonious,' when a man speaks his mind without regard to the feelings of others; *profonde* means here 'extreme,' 'unmitigated.' Translate 'in the most unceremonious manner.'

l. 26. *décri,* 'disrepute'; the noun is a little antiquated, though the verb *se décrier* is not.

où, 'into which.'

l. 28. *signifia* is often used of a formal notification.

l. 30. *intrus,* from the obsolete *intrure;* cf. p. 6, l. 6.

l. 31. *mit fin;* for omission of article see *E.B.* 22. Carlyle winds up his account of this famous incident in words which betray his dislike of l'arliamentary government: "such was the destructive wrath of my Lord General Cromwell against the Nominal Rump Parliament of England. Wrath which innumerable mortals since have accounted extremely diabolic, which some now begin to account partly divine." It is at least possible that if a *modus vivendi* could have been found between Cromwell and Vane, the real leader of the Parliament, England might have been saved the thirty most discreditable years of her history. See an interesting discussion in F. W. Cornish's *Life of Cromwell,* p. 295.

l. 32. *non que. E.B.* 242.

CHAPTER V.

PAGE 45.

l. 2. *qu'ils approuvassent*, *E.B.* 280.
l. 5. *sans bruit*. Cromwell afterwards said "we did not hear a dog bark at their going."
l. 6. *neuf ans*, or rather eleven, 1642—1653.
l. 9. *purent reconnaître*. In English we omit *purent* and say simply 'recognized,' *E.B.* 183.
l. 11. *s'en doutaient*, 'suspected.' Notice the presence of *en*, and see p. 24, l. 11. The word *y* stands for *à l'œuvre*.

CHAPTER V.

PAGE 46.

l. 1. *s'était établie*, *E.B.* 185 a.
l. 3. *un vain mot*, 'an idle word,' 'an empty name.'
l. 6. *servent*, 'are useful,' often followed by *à* in this sense.
l. 10. *accès;* see p. 77, l. 7.
l. 12. *Cromwell devenu*, 'no sooner had Cromwell...than.'
l. 14. *haineuses;* see p. 11, l. 9.

préventions, 'prejudices'; *préjugé* refers rather to definite opinions, *prévention* to a prejudiced state of mind; *intraitables*, 'unreasonable,' literally 'unmanageable' from *tractare*.

l. 15. *portent*, 'carry with them.'
l. 18. *tinssent*, *E.B.* 275, Obs. 1.
l. 21. *incapacité;* see p. 29, l. 16.

PAGE 47.

l. 2. *ménagé*. See p. 7, l. 7. Here it means 'secured,' of course by management.
l. 3. *intelligences* is especially used of persons in a besieged town, &c., in communication with the besiegers &c. Perhaps it might be rendered 'partisans' or 'spies,' both of which mean a little more.

créatures, in the low sense in which we use the word to mean 'tools.'
l. 4. *les forces hautes*, 'the strength associated with the upper classes.'
l. 6. *supérieur* is often used absolutely, more freely so than the corresponding English word, though even we talk of 'a superior

person.' It is nearly equivalent to 'commanding,' 'lofty.' Thus in Thiers's description of the battle of Marengo: "À cette vue, il juge avec son coup d'œil supérieur ce qu'il convient de faire pour rétablir les affaires."

l. 8. *que leur position*, &c. In English we prefer 'whose position ...makes them.' *E.B.* 88 (1).

l. 12. *consacrées par le temps*, 'time-honoured.'

l. 13. *des sciences humaines* 'for the humanities,' *literae humaniores*.

l. 15. *les universités*. Cromwell was made Chancellor of Oxford in 1650. During the Protectorate a college, the precursor of the existing University, was founded at Durham.

l. 17. *souvenirs*, 'associations.' For *le savoir* see *E.B.* 188, Obs. 2.

l. 20. *subalternes*, p. 42, l. 4.

l. 21. *soutenir...maintenir*; see p. 60, l. 21.

l. 26. *grand'peine*, *E.B.* Acc. 9 (4), note.

l. 27. *Au dehors...porta*, 'into foreign affairs...Cromwell carried.'

l. 33. *la Hollande*, &c. These treaties were all signed in 1654. The Portuguese had supported Prince Rupert in 1651; the Dutch war had begun in 1652, after the passing of the Navigation Act, which was a direct attack on their carrying trade and commercial supremacy. Denmark had taken the side of the States-General (Holland) and had pledged herself to refuse English vessels a passage through the Sound. "In the summer of 1654," says Ranke, "Cromwell had broken through the circle which then seemed to enclose England."

PAGE 48.

l. 1. *rêves de fusion*, see p. 33.

l. 3. *de religion* and *de parti* do duty for adjectives.

l. 4. *différends*, equivalent to our 'difference' in the sense of a quarrel; *différence* answers to its other senses, except Stock Exchange 'differences,' which are *différends*. The word is the same as the adjective *différent*, and was printed so in the early editions of the Dictionary of the Academy.

susceptible, 'ready to take offence.'

l. 6. *se livrant à*, 'indulging in,' as above, p. 42, l. 23.

l. 12. *d'Autriche*. Philip IV. King of Spain was the great-grandson of Charles V., of the House of Austria.

l. 13. *l'Espagne*. It is probable that Cromwell did not appreciate the change going on in the relative positions of Spain and France,

CHAPTER V.

"Of the change in the world around him," says Mr J. R. Green, "he seems to have discovered nothing. He brought to the Europe of Mazarin simply the hopes and ideas with which all England was thrilling in his youth at the outbreak of the Thirty Years' War. Spain was still to him the head of the Papal interest whether at home or abroad... What Sweden had been under Gustavus, England, Cromwell dreamt, might be now—the head of a great Protestant league in the struggle against Catholic aggression." See Speech v. in Carlyle, for Cromwell's own point of view. "The Spaniard is not only our enemy accidentally, but he is providentially so." "All the honest interests, yea, all interests of the Protestants in Germany, Denmark, Helvetia and the Cantons were the same as ours."

l. 14. *Toutes deux.* Notice in this and in the next sentence the ways of rendering 'both,' 'neither.'

l. 15. *de honteux efforts.* In 1654 Spain offered the Protector a subsidy of a million reals and assistance in taking Calais. France also offered a subsidy, and eventually the joint conquest of Dunkirk.

l. 17. *en,* 'from them.'

l. 23. *une large base.* Free trade with the Spanish Indies, the ideal of Elizabethan statesmen, was Cromwell's constant demand.

l. 24. *tant d'à-propos;* the adverb *à propos* when used as a noun is written with a hyphen. In speaking of a joke it means 'point'; here the nearest word would be 'judgment'; *mesure* means 'moderation.'

l. 26. *la Jamaïque.* The real object of the expedition under Penn and Venables was the conquest of Hispaniola (Hayti), which was not effected; that of Jamaica, in reality a more valuable island, was a *pis-aller.*

l. 27. *valut; valoir* in the sense of 'to gain' is really a transitive verb; when it is used in the sense 'to be worth,' the accusative going with it is not governed by it. *E.B.* 223, Obs. 1.

l. 28. *s'engageât...avant,* 'commit himself...deeply.' This use of *avant* comes out in the following, "Ces rois antiques, dont l'origine se cache si avant dans l'obscurité des premiers temps." Bossuet. "Vos bontés, Madame, ont gravé trop avant ses crimes dans mon âme." Racine.

l. 32. *cette politique.* We say 'his policy.'

de n'avoir, 'to steer clear both of system and of passion.' Our word 'opportunist' and the French *opportunisme* represent the idea.

l. 33. *autrui* is used indefinitely like *soi, E.B.* 107.

PAGE 49.

l. 3. *Les essais de guerre civile*, 'the attempts of the Fronde to stir up civil war.' Notice that there is no article with *guerre*.

la Fronde. The organised opposition of many of the nobility and the Parliament, i.e. the hereditary holders of legal office, to the government of Mazarin from 1648 to 1654, which practically amounted to civil war. Among the leaders of the Fronde were the Prince of Conti, the Duchesse de Longueville, Cardinal de Retz and subsequently Condé, who did not scruple to call in foreign aid. The word *frondeur* is now constantly used to denote what we should call surly independence, or constant grumbling against the powers that be.

l. 8. *qui avait fait sa grandeur*, 'to which he owed his greatness.'

Condé, (Louis II. de Bourbon, Prince de Condé) the greatest French noble of the time, whose territorial possessions and ability made him a formidable rival of the government. At 22 he won the famous battle of Rocroy against the Spaniards. When the troubles of the Fronde began he at first sided with the Court and defeated their opponents, but soon joined the opposition. He failed, however, and for some time lived in exile. He was restored to his position about 1659, after which he fought Senef and other battles. The latter part of his life was spent at Chantilly in the society of the great men of letters of the day.

l. 9. *en*. The verb *solliciter* takes *à* or *de* with infinitive. What infinitive must be supplied here?

l. 11. *instances*, 'urgent requests,' never used as our word 'instance'; it is often a legal term something like our word 'plea' especially in phrases like *tribunal de première instance*, &c. We have the same use in older English, "they were instant with loud voices, requiring that he might be crucified" Luke xxiii. 23.

l. 12. *donnait...envoyait*. The use of the imperfect in these words and the following paragraphs, practically to state a number of historical facts, which one would expect to find in the past definite, is peculiar. The reason is that they are looked upon, not so much as historical incidents, but as examples of Cromwell's habitual policy. *Accueillait, saisissait*, are naturally in the imperfect and might possibly be rendered 'would welcome,' 'would seize,' &c. The other verbs are attracted into the same tense.

l. 14. *sonder les dispositions de;* we should say simply 'to sound.'

CHAPTER V.

l. 15. *Mazarin*, Cardinal (1602—1661), the heir of Richelieu's policy, who paved the way for the conquests of Louis XIV.

l. 16. *du côté.* Notice the genitive. *E.B.* 132.

l. 18. *velléité*, 'prompting' is a good English word; the French really means the half-formed wish suggested by ambition, &c.

l. 19. *laissé naître.* One would have expected *laissées*, *E.B.* 228, but *laisser* is sometimes treated like *faire*, and remains invariable with a neuter verb.

l. 22. *Qu'une occasion.* *E.B.* 277.

l. 25. *le duc de Savoie*, Charles Emmanuel II., a grandson of Charles Emmanuel I., from whom the present King of Italy is directly descended. The older branch of the family became extinct in 1831.

de pauvres paysans expulsés, the Vaudois, or Waldenses. Read Milton's famous Sonnet (XVIII), "Avenge, O Lord, thy slaughtered saints." The restoration of the Waldenses was eventually secured by the intervention of Mazarin, Cromwell having made it a condition of his alliance with France.

l. 26. *multipliait*, 'sent manifesto after manifesto, embassy after embassy, repeated his subsidies and his threats.'

l. 27. *les secours d'argent.* He sent £2000 from his private purse.

l. 28. *entraînait dans ses démarches*, 'carried...with him in the steps he took.'

l. 30. *par le seul mouvement*, 'by the mere impulse,' not of course 'the only impulse.'

l. 31. *imprimait*, p. 10, l. 26.

PAGE 50.

l. 4. *passionnées*, such as that of the Vaudois.

l. 5. *Blake* (1598—1657) began his military career in the Civil War when he was over 40. He was appointed to the command of the fleet in 1647, and gained his fame in the Dutch war. His last exploit was the destruction of the Spanish Plate fleet at Santa Cruz.

l. 8. *Livourne*, Leghorn. It was in order to exact a fine from the Grand Duke of Tuscany for having allowed Prince Rupert to sell his prizes there.

Alger, Tunis, to demand reparation for the losses of the English from Turkish pirates. From the beginning of the 16th century to 1820 and 1830 respectively, Tunis and Algiers were pirate states. Their system of piracy dates from the famous family of Barbarossa, who obtained the sanction of the Porte to their authority.

vidant, used in this sense of 'settling' with words like *affaire*, *question*, *différend*, *querelle*, &c.

l. 13. *n'atteignaient point à*. Had *le vainqueur* been the subject we might have had *n'atteignaient point* without *à*. The real difference, however, is that *atteindre à* implies more effort.

l. 16. *au dehors*. Notice that the adverb is put out of place; it would not fit in nicely after the verb.

compromettre, p. 3, l. 29.

l. 22. *décidant*, p. 12, l. 2.

l. 24. *autant que l'ait...*, the subjunctive here is explained by remembering that *autant* is almost a superlative, 'to the highest degree.' *E.B.* 252, Obs. 4.

aucun autre. Notice that the sentence implies a negative, 'no other has attained it so well.' *E.B.* 291, Obs. 3.

l. 29. *vivaces*, 'tenacious of life,' cf.

"Que je me sens mortel près de ce tronc vivace
Dont la nature a fait un de ses monuments."

Lebrun.

As a botanical term it is equivalent to our 'perennial.' Notice that *vivacité* has the same sense as our 'vivacity,' and does not correspond in meaning to *vivace*.

l. 30. *année*, like *soirée*, *journée*, &c., is used when duration of time is meant.

l. 32. *quinze conspirations*. The best known are those of Wildman, Gerard and Vowel, Penruddock, Sexby, Venner, Sindercomb, Hewitt and Slingsby.

l. 33. *coalisées*. See Carlyle, Part IX., beginning. Major Wildman was the common centre of many Royalist and Anabaptist plots.

PAGE 51.

l. 4. *les cours d'exception*, illegal tribunals, such as the High Courts of Justice before which Gerard and Slingsby were tried.

l. 5. *les exécutions éclatantes*, 'solemn public executions,' which is of course not literal.

l. 6. *la vente des insurgés*. Clarendon tells us that after the suppression of Penruddock's insurrection (1655) some of the prisoners were sold and sent as slaves to the Barbadoes.

CHAPTER V.   153

l. 8. *se peut inventer*, *E.B.* 49.
frapper d'impuissance..., 'paralyse or intimidate.'
l. 10. *prises d'armes*, 'armed insurrections.'
l. 13. *vainqueur* must be rendered by a clause.
l. 14. *définitif*, a legal term, used especially of a decision against which there is no appeal; translate 'unquestioned.'
l. 16. *avenir*, p. 36, l. 7.
l. 23. *convînt.* One would expect *à l'Angleterre*, 'which suited England'; but as *en Angleterre* must be supplied render 'which was suitable.' For mood see *E.B.* 253.

l. 24. *Maître*, used very like a Latin participle, to be rendered freely in English. Strictly speaking it should be in apposition to the subject of the sentence, not, as it is, to the virtual subject.

l. 29. *quatre en cinq ans.* Strictly speaking, there were only three; the fourth was really a reconstruction of the third.

tantôt choisissant. This refers to Barebones' Parliament which was rather a Convention or Constituent Assembly than a Parliament strictly so-called. The reconstructed Parliament of 1658 also falls to a certain extent under this description.

l. 31. *tantôt la faisant élire.* The Parliament of 1654, elected under the Instrument of Government and that of 1657. The "Reform Bill" of the Long Parliament was practically adopted at these elections. For syntax, see *E.B.* 115, Obs. 2.

PAGE 52.

l. 1. *solennité*, pronounced *so-la-ni-té*.
l. 2. *usant...*, *E.B.* 122, Obs. 2.
l. 4. *où*, *E.B.* 263.
l. 5. *renonçât*, *E.B.* 239 (2).
l. 8. *arrivaient* 'found their way,' less strong than *entraient*.

fractions, 'sections' or 'groups,' the technical word for the subdivisions of a political party. Such subdivisions are more common on the Continent than with us.

l. 9. *siégeaient* is limited in its use to formal sittings of parliament, a court, &c. French has no single verb for 'to sit' in the ordinary sense, nor for 'to stand.'

seules, *E.B.* 41 a, 288 a (3); do not render 'sat alone.'

l. 17. *ingouvernables*, a form not very common in French, see note, p. 20, l. 18. The antithesis *incapables de gouverner* supplies a good reason for its use here.

l. 18. *griefs*, 'grievances.'

l. 23. *s'en aider*, 'to help himself with it,' 'to avail himself of it,' shews how *s'en servir* gets its meaning.

l. 25. *dépourvu de*, constantly used as the equivalent of the English 'without.' See Meissner's *French Composition*.

l. 32. *qui comprît*, *E.B.* 253. The Parliament referred to is that of 1656, the Parliament of the Humble Petition and Advice.

PAGE 53.

l. 1. *La proposition...*, 'the proposal to do so was made.'

l. 5. *amalgame*, properly a combination of mercury with some other metal, standing midway between a chemical combination and a mere mixture. It therefore applies very well to a combination or mixture (for we use both words) of qualities.

l. 10. *Il prétendait...*, 'he wanted to become king without endangering the Protectorate.'

l. 11. *Il fallait*, i.e. 'according to his ideas.' In German it would be in the subjunctive.

l. 13. *dont*, *E.B.* 130.

l. 14. *se fussent décidés et compromis*, 'should have irrevocably resolved' is a free translation suggested by the common practice of rendering two Latin verbs (e.g. *fusi fugatique*) by a verb and an adverb.

l. 17. *Engagé*, see note to p. 16, l. 9.

l. 21. *leur faire comprendre*. *E.B.* 115.

l. 22. *à eux-mêmes*. *E.B.* 51, Obs. 1.

l. 24. *seraient*. *E.B.* 177.

l. 26. *d'obéissance...*; there are, perhaps, too many *de*.

l. 27. *entraîna*, by working on their feelings, *séduisit*, by promises or bribes.

l. 28. *longtemps rebelles*, 'who were long recalcitrant.' It applies to the officers generally, and does not mean 'such officers as were long recalcitrant.'

l. 30. *votée*, as in English 'carried by votes.'

l. 32. *auprès de lui; lui* is reflexive 'in his own immediate circle.' Guizot might have written *dans son entourage*.

CHAPTER V.

PAGE 54.

l. 1. *par sincère...*, translate *par* rather freely, 'whether dictated by...'

l. 2. *à ce point*, 'so completely.'

l. 3. *vengeance de...*, 'the desire of humbled rivals to avenge themselves.'

l. 4. *humeur*, 'ill-temper,' 'caprice.' "On se sépare par humeur, on se réunit par politique." Bossuet. See p. 41, l. 17.

quelques, 'a few.'

l. 5. *passer outre* is a legal term. Thus 'défense de passer outre à la vente du bien' is equivalent to our 'injunction.' Translate 'to take a decisive step.'

l. 7. *l'un de ses chapelains*, Dr Owen, Vice-Chancellor of Oxford.

l. 10. *la bonne vieille cause*, as in Dryden's *Absalom and Achitophel*, "The good old cause revived a plot requires."

l. 12. *qu'on eût.* E.B. 244.

l. 15. *le vice*, 'defect,' 'weak point.' This, in accordance with the Latin, is the original meaning of the word. "Il est étrange que Corneille ait senti le vice de son sujet, et qu'il n'ait pas senti le vice de sa diction." Voltaire. Compare Tennyson's "a vice of blood."

l. 16. *transporter*, 'transfer'; we should probably say 'set it up again,' 'reestablish it.'

l. 25. *il soumit tous les royalistes.* The income-tax of 10 per cent. (decimation) was levied by the Major-Generals on all Royalists and disaffected persons (1655). The appointment of the Major-Generals, i.e. the division of the whole country into 12 districts, each under a military governor supported by an armed force is among the most severely criticized of Cromwell's acts. It was of brief duration, and is defended on the ground of the wide-spread conspiracy connected with Penruddock's plot.

l. 29. *des avocats illustres, des magistrats intègres.* The reference is to the case of George Cony who refused to pay certain duties on merchandize and sued the collector who enforced it. His counsel were sent to the Tower, while Rolls, the Chief Justice, postponed the case and meanwhile retired from the Bench. For *des accusés* the object of *défendirent* see E.B. 374.

l. 31. *se refusèrent à* differs slightly from *refuser de*, 'to refuse to do'; it implies rather 'not to lend oneself.'

Page 55.

l. 1. *temps.* In this connection *jours* is more common.

l. 9. *il s'était arrêté.* The Major-Generals and the decimation were abolished by the Parliament called immediately after their appointment. The bill for continuing the decimation was opposed by Cromwell's relatives, apparently with his sanction.

l. 11. *entière*, 'unchanged,' a meaning very close to the Latin original *integer*, 'intact.' A question is said *rester entière*, when no real solution has been given; *les choses ne sont plus entières* means that circumstances have changed. *En son entier* answers to our phrase 'in its integrity.'

l. 12. *pour avoir échoué.* E.B. 201.

l. 14. *un parlement nouveau*, E.B. 36. What would *un nouveau parlement* mean? See note on p. 56, l. 16.

l. 19. *altérée*, p. 5, l. 16.

l. 20. *une fille chérie.* Elizabeth, Lady Claypole, died 6 Aug. 1658. Mr Rich, the husband of Frances Cromwell, and grandson of the Earl of Warwick, had died only a few months before.

dépérit, used of gradual deterioration or wasting away.

l. 21. *Tant d'épreuves...*, 'the many ordeals he had successfully passed through.'

l. 26. *confiante* is used in the sense of 'confidential' as well as in that of 'confident.'

l. 29. *peut*, often used with a neuter accusative.

Page 56.

l. 4. *ces bonnes fortunes*, a view coloured by M. Guizot's own experience of French politics.

l. 7. *factice*, like our word 'factitious,' denotes something artificial, unreal, made up for the occasion. One finds *des pierres factices*, 'false jewellery,' *des besoins factices*, 'artificial wants,' &c.

l. 10. *scène*, 'stage,' carrying on the metaphor of *dénoûment* which means the conclusion of a play or story when the intricacies of the plot are, so to speak, unravelled; *cette* here is best rendered simply 'the.'

l. 13. *à peine...que*, E.B. 266 (2). We prefer 'no sooner...than.'

l. 15. *le conseil général.* A body of officers (April, 1659) headed by Lambert, Fleetwood and Desborough whose avowed object was to secure the pay of the army and to defend the "good old cause" from its

CHAPTER V. 157

enemies in high places. Richard's sanction to their meeting was, according to Whitelocke, the beginning of his fall. They expelled Richard's Parliament and recalled the Rump. *Un nouveau conseil* is the body which some months later expelled the Rump.

l. 16. *un parlement nouveau*, convened by Richard Cromwell on Jan. 27, 1659. Its first step was to examine the Humble Petition and Advice. Notice the position of *nouveau* in these two lines; it was simply another *conseil*, but an entirely fresh Parliament.

l. 18. *la queue*, the Rump. The word is used in French for the remains of a party, e.g. *la queue de Robespierre*.

l. 22. *de son propre aveu*, E.B. 137, which applies also to *de force*.

l. 24. *rentraient de force*, in Feb. 1660 by the order of General Monk.

l. 25. *prétendirent à*, 'claimed to,' 'aspired to'; *prétendirent remplacer* without preposition would mean 'intended to replace' or 'professed to replace.'

l. 27. *plus de*, E.B. 139.

l. 28. *s'évoquant ou s'expulsant*, reciprocal use of *se*; *évoquer* is the regular word for calling or conjuring up spirits; in *se coalisant* the pronoun is reflexive.

l. 30. *consistance*, from *consistere*, 'settle down,' 'become solid.' Our word consistency (usually French *conséquence*) is generally used in a different sense; but we do sometimes talk of the consistency of dough or tar, meaning their approach to solidity. Perhaps 'solidity' or 'stability' would be the best rendering, or we might render the whole more freely 'settling down into a strong government.'

l. 33. *explosion*, used in French of the sudden appearance, as for example, of an epidemic, as well as in the English sense.

celui-là, because separated from the relative, E.B. 75. This sentence must be rendered very freely.

PAGE 57.

l. 3. *sérieux*. We often use 'serious' in the same way, in reference not to a man's character, but to his chances of success or the reality of his claims.

À peine un ou deux..., Sir George Booth's rising in Cheshire, suppressed by Lambert.

l. 6. *furent-ils tentés*, E.B. 11 a.

l. 12. *leur était venu*, E.B. 45 a.

l. 13. *longs revers*, we should say 'repeated failures,' which is not literal.

l. 15. *c'était l'intérêt, E.B.* 70. One would rather expect a plural verb; but the two nouns may be considered as forming one idea.

l. 20. *l'agonie*, mostly used of the last struggles of a dying man. Translate ' to the desperate condition.'

l. 23. *assisté...à*, 'watched,' p. 15, l. 6.

l. 25. *retour*, 'recurrence.'

l. 26. *Mais...non plus*, 'nor on the other hand was he capable.' *E.B.* 301.

l. 27. *de tels*, we should say 'such grave.'

l. 28. *souveraine*, perhaps 'final,' 'decisive.' French agrees with English in such applications of the word as *un souverain mépris, un remède souverain*, p. 2, l. 20.

criblé, 'riddled.' We use another metaphor 'over head and ears in debt.'

l. 29. *cherchant de tous côtés l'avenir*, 'not knowing which way to turn.'

CHAPTER VI.

PAGE 58.

l. 1. *Il fallait arriver au dénoûment*, freely 'the drama was played out,' see p. 56, l. 7.

l. 5. *entravé*, from *trabs* ' a beam.' Thus it means hindered by a beam put in the way, like our 'baulk' (German *Balken* 'a beam').

l. 6. *entre-détruits.* There are several similar compounds, *s'entretuer, s'entr'égorger,* &c.

l. 7. *ce qu'ils avaient pu...* *E.B.* 129.

l. 8. *à nu*, 'manifest,' *E.B.* 151.

l. 10. *alternatives.* Beware of the same English word.

l. 11. *l'habitude et le courage de régler*, 'the habit of controlling its own destinies, and the courage to attempt it.'

l. 13. *toujours*, 'still.'

incapable, &c. Cf. " one can do anything with bayonets—except sit on them."

l. 15. *placé*, 'who stood.'

l. 18. *Monk.* George Monk gained his military experience on the Protestant side in the 30 years' war. In the English civil war, he was at first on Charles I.'s side and was taken prisoner at Nantwich. He

CHAPTER VI.

changed sides, distinguished himself at Dunbar, and was left in command in Scotland when Cromwell returned to England. In the Dutch war he served with great distinction in the fleet. At the time mentioned he was commander of the forces in Scotland. After the Restoration he became Duke of Albemarle.

le terme nécessaire. *Terme* and *fin* are almost synonymous, but *terme* brings out more the idea of limiting. "Cette mort...qu'il a regardée comme la fin de son travail et le terme de son pèlerinage." Fléchier. Translate 'to what this anarchy would inevitably lead.'

l. 20. *Il n'avait rien...*, 'there was nothing great in his character,' literally of course 'he had....'

PAGE 59.

l. 2. *iniquités déréglées* may be rendered by inverting adjective and noun 'iniquitous excesses.'

l. 4. *attaché.* The corresponding English word is limited to attachment to persons; the French word is more widely used, e.g. *aux richesses.* Hence use some other word in translating.

sans faste... may be rendered by English adverbs 'unostentatiously...'

ses devoirs de soldat, E.B. 20.

l. 6. *discret*, not quite the English 'discreet'; rather 'reserved.' Its meaning may be gathered from the following, "j'étais hardi chez mon père, libre chez M. L., discret chez mon oncle." Rousseau.

l. 13. *fractions*, p. 52, l. 8.

l. 14. *impatiences. Les impatiences* in the plural is often the equivalent of our phrase "the fidgets." Thus 'restlessness' would be a better rendering here than 'impatience.'

l. 16. *seul possible*, a second adjective qualifying *fait*, as *naturel* does. Translate 'a natural step, indeed the only possible one.'

l. 17. *ni*, after the implied negative in *sans*.

l. 21. *qui ne protestât*, for the omission of *pas* see *E.B.* 300.

qu'il avait; the indicative here is an excellent illustration of *E.B.* 239, in spite of the negative form of the sentence. Think what the real statement is when cleared of negatives.

l. 23. *relevé après être tombé*, 'revived,' 'restored.'

l. 24. *dans de meilleures conditions de*, 'under conditions more favourable to.'

l. 26. *remontait*, imperfect because it is not a new fact, but an amplification of the last paragraph.

l. 27. *de son propre parti*, 'party'.not 'part.' Distinguish *la part, le parti, la partie*. Lines 28—30 are a little heavy.

l. 28. *par le seul élan*, 'simply by the spontaneous act.'

l. 30. *n'espérait plus*, *E.B.* 288, Obs. 3.

PAGE 60.

l. 3. *affecter* is often used of things as "le sel marin affecte la forme cubique," 'tends to assume.' The meaning comes from the philosophic use of *affection* to mean the way anything is 'affected' by external causes, and hence to denote its natural tendencies.

l. 5. *mêmes*, *E.B.* 80 (2).

l. 7. *seule*. Remember that it is not *seulement*. What would be the difference?

l. 9. *gentilshommes*; pronounce *gen-ti-zommes*.

l. 17. *avaient pu abolir*. Neither the pluperfect (*E.B.* 174) nor *pouvoir* (*E.B.* 182, Obs. 3) is absolutely necessary in English.

l. 20. *ni pour soutenir* depends on the preceding words, not, of course, on *parvinrent*. Translate 'either as bulwarks of power....'

l. 21. *maintenir*, from *main*. Littré thus distinguishes the two words 'On maintient ce qui est debout, on soutient ce dont la base n'est pas solide.' One speaks of 'une barre de fer qui maintient la charpente,' i.e. keeps it together. So metaphorically *soutenir* is applied to the reinforcement of a body of troops not strong enough to hold its position, *maintenir* to the same troops holding their own. We think of government as requiring support from without, of liberty as maintained from within. In ll. 27, 28 the meaning of *soutenir* is fully illustrated.

l. 24. *foncière* is connected with *fonds*, not with *fond*, though both are forms of the same word. The first meaning of *fonds* is the soil of an estate, and thus *foncier* means 'having to do with landed property.' The word *fonds* is itself extended to other kinds of property, especially *les fonds publics*, 'the funds,' but *foncier* is not so extended. Thus *le Crédit foncier* is the name of a bank associated with real (i.e. landed) property, and is distinguished from the *Crédit mobilier*.

aux campagnes, 'to the country districts,' as distinguished from the towns.

l. 29. *flottante*, 'unsettled.'

l. 33. *née*, 'called into existence,' *élevée*, 'reared.' Put *du pouvoir* with the first clause in English.

CHAPTER VI.

Page 61.

l. 1. *a été*. Notice the transition to the past indefinite. The writer is no longer speaking either of the events contemporaneous with the Restoration or of new events chronologically following it, but of general facts to which he assigns no definite date.

l. 4. *cet avantage que;* make two sentences, 'gained one advantage from it; it put an end to....' For *en* see *E.B.* 140.

l. 7. *première*, after the noun 'original,' *E.B.* 354 a, *note.*

l. 8. *les taches de son origine.* This view is rather baldly expressed by Macaulay in the *Essay on Hallam:* " A King, whose character may be best described by saying that he was despotism itself personified, unprincipled ministers, a rapacious aristocracy, a servile Parliament, such were the instruments by which England was delivered from the yoke of Rome." On the other hand, the earlier volumes of Mr Froude's *History of England* endeavour to show that Henry VIII. was but the leader of a natural and popular movement.

l. 10. *éclat*, 'conspicuous success.'

l. 18. *se relevait;* note the tense 'was now rising again,' and render *entourée de* by ' amid.'

l. 24. *non que les sectes;* turn into a coordinate sentence instead of a subordinate. For *non que* see *E.B.* 242.

l. 28. *sage*, ' sober,' ' decorous.'

l. 29. *ne tarda pas;* notice the difference between this use of *tarder* and *il me tarde de.*

l. 30. *pénétra*, ' reached '; for *régions* perhaps 'strata' would be the nearest English equivalent.

l. 32. *qu'atteignait de près;* use a passive participle in English, ' immediately exposed to the infection.'

Page 62.

l. 3. *engagés;* see note p. 16, l. 9. Here it contrasts those dissenters who were deeply committed to their own principles with those who had rejoined the Establishment.

l. 5. *exalter*, used almost exclusively of raising feelings &c. to too high a pitch. Thus *un exalté* means a fanatic. See also note p. 40, l. 29.

l. 9. *réciproquement;* avoid this word by translating ' each party kept alive or revived in the other respect for.. .'

l. 10. *préoccupation de*, ' solicitude for.'

l. 13. *les bases morales.* The adjective *moral* (opposed to *matériel*) does not mean 'virtuous' but is the opposite of 'physical.' Think what it would *not* include, e.g. the control of a large standing army &c.

l. 16. *rapprochent* means a little more than 'bring near'; 'bring into sympathy with' is better. The noun *rapprochement* is constantly used of the first steps to friendship or attachment, as the case may be. Notice that, as in so many words, the force of *re* is quite lost.

l. 19. *réaction;* think of the exact meaning. The metaphor is taken from Mechanics; the cart pulls the horse as much as the horse pulls the cart.

seuls; E.B. 288 A (3); 'there were but two formidable enemies... that could neutralize.'

l. 20. *circonstances.* Note that the French word does not, like the English, fall away from its original meaning to denote simply an incident.

l. 26. *purent mourir.* We should simply say 'died.' *E.B.* 182, Obs. 2. Henry Cromwell died in England in 1673, Richard in 1712, having returned from abroad in 1680.

l. 31. *surtout en Écosse* refers to the Covenanters of Charles II. and James II.'s reign. Read *Old Mortality.*

l. 33. *les partis d'opposition légale.* We should say 'the constitutional opposition.'

PAGE **63.**

l. 2. *avaient l'esprit, E.B.* 15 (3). Translate 'the minds of the most intelligent were filled....'

l. 3. *imbu,* see p. 6, l. 16.

l. 5. *transactions,* p. 7, l. 7.

l. 6. *la chance,* i.e. *de révolutions nouvelles.*

glissaient sur la pente. We should carry the metaphor a little further and say 'were approaching the abyss'; *la pente de* means 'the slope leading to,' just as *le chemin de Paris* is 'the road to Paris.'

l. 7. *que repousse,* best rendered by an adjective 'repugnant to.' For inversion see *E.B.* 12.

l. 8. *amorti,* 'enfeebled.' The verb means 'to deaden' not 'to destroy.' For example, the old law-term *amortir un héritage* means to diminish its revenues.

l. 11. *intempérance;* perhaps 'feverishness' is the best rendering. The word refers to any kind of excess, *intempérance de langue, de plume,* &c.

l. 13. *cette maladie;* here and just below (l. 18) we should use the definite article rather than the demonstrative.

l. 14. *fomentait,* 'kept alive.'

non que l'on doive, E.B. 242. *accueillir,* 'to give a friendly reception to' and therefore to 'credit,' 'accept.'

l. 15. *poursuit,* 'arraigns.' The word is often applied to judicial proceedings.

à ce titre, 'under this head,' i.e. of reaction.

l. 19. *demeurent;* indicative or subjunctive? *E.B.* 247.

il faut, i.e. in their opinion.

l. 20. *qualifient de réaction, E.B.* 138.

l. 22. *Parmi les mesures,* 'of the measures,' a substitute for the partitive genitive, see p. 14, l. 31.

l. 30. *Toute,* 'any,' *E.B.* 109.

l. 31. *perd son droit,* 'loses its justification,' becomes 'unjustifiable.' A person is said *perdre ses droits* in the plural, 'to lose his rights.'

PAGE 64.

l. 1. *ce ne fut point.* Notice *ce* repeating a noun in a previous sentence, *E.B.* 67.

l. 2. *vindicative.* Notice the difference of spelling from English.

l. 5. *avait promis* by the declaration of Breda, which left however a loophole of evasion, through the proviso that he would be guided in such matters by the advice of Parliament.

l. 8. *la douceur de ses mœurs,* 'the mildness of his character.' Montesquieu thus distinguishes *mœurs* and *manières*: "Il y a cette différence entre les mœurs et les manières, que les premières regardent plus la conduite intérieure, les autres l'extérieure."

l. 10. *velléités,* p. 49, l. 18.

l. 14. *la réaction laïque.* For example, the restoration of property to its original owners was by no means as complete as the cavaliers would have wished.

l. 16. *un moment contenue,* especially by the Savoy conference, 1662.

se perpétua en s'aggravant. The Act of Uniformity (1661), the Conventicle Act (1664) and the Five Mile Act (1665) form an ascending scale of intolerance and tyranny.

l. 21. *n'avaient...rien de vital, E.B.* 129, requires a free translation, 'did not, in reality, involve vital questions or serious menaces.'

l. 22. *A considérer*, E.B. 206.

l. 23. *possédait...domina.* Note the difference of tense. Translate 'no longer prevailed in England...did not become supreme there.'

l. 29. *où*, 'to which.'
tantôt.. tantôt may often be rendered 'alternately.'

l. 30. *suprêmes*, perhaps 'great'; it is properly 'greatest of all.' For *circonstances* see p. 75, l. 23.

l. 31. *replié dans*, a military expression, nearly the same as *se retrancher derrière*.

l. 33. *invariablement;* avoid 'invariably' which means 'on all occasions,' and render 'without wavering.'

PAGE 65.

l. 2. *C'est à partir de...;* we should begin 'From the reign....'

l. 4. *présidé*, p. 8, l. 1.

l. 6. *seuls essentiels...* should make a fresh sentence after *traverser.* Or the sentence might be turned : "The revolution through which the English nation had just passed left behind it three great results. They were still indefinite and incomplete, but they were irrevocable, and...."

l. 12. *Filmer*, Sir Robert, the most conspicuous advocate of "the right divine of kings to govern wrong." All government, according to him, is based on a divinely instituted authority of the father over his family, inherited from Adam in due succession. His most important work *Patriarcha* was published in 1680, long after his death, at the time of the Exclusion Bill controversy. Locke discussed his arguments at considerable length in the *Treatise on Government.*

Hobbes, Thomas (1588—1679), a famous writer on philosophy and political science. In philosophy he anticipated Locke, that is, he taught that our ideas come from outside, not from the mind itself. His political philosophy is worked out in several books of which the *Leviathan* is the most famous. According to him, men left to themselves are in a state of war, every man's hand being against his neighbour. The only remedy for this is a strong absolute government either by a king, which he prefers, or by an assembly. But in any case the supreme power must be implicitly obeyed, and the will of the sovereign is the sole criterion of right and wrong.

ériger en dogme..., 'raise absolute power to the rank of a dogma or maintain it as a principle.'

l. 16. *hommes de science*, 'political philosophers,' *de parti*, 'party politicians.'

CHAPTER VI. 165

l. 16. *vidée*, p. 50, l. 8. *Trancher* is perhaps commoner with *question ; querelle* with *vider*.
l. 25. *rudement ;* see p. 10, l. 3. Translate 'their defeat had been too crushing ; their overthrow too complete.'
l. 30. *hérita*, E.B. 122 note.
l. 31. *devait être*, E.B. 183 ; literally 'was destined to be.'
l. 33. *appris à*, E.B. 205.

PAGE 66.

l. 1. *la mesure*, 'range,' 'limits.'
l. 2. *publics*, 'of the state.'
l. 3. *laborieuse ;* avoid 'laborious'; the idea is of something achieved with difficulty, 'hardly won,' 'elaborate.' Compare "Tantae molis erat Romanam condere gentem." Virg. *Aen.* I. 33.
fait, 'constitutes.'
l. 4. *à travers*, often approaches, as here, the idea 'in spite of,' E.B. 116. *tâtonnements* from *tâtonner* the frequentative of *tâter*, to feel one's way, as a blind man or a man in the dark, 'tentative efforts.' The word *apprentissage* applies very well to the position of Parliament on its way to become master.
l. 6. *souvent contraires*, 'which often implied the opposite.'
l. 11. *le fait religieux*. 'Fact' would hardly do; we must borrow something from *consommé*, and say 'the religious victory likewise achieved.'
l. 12. *domination*, 'ascendancy.'
l. 14. *ardemment*, 'heartily.'
Bossuet, Bishop of Meaux (often called *l'aigle de Meaux*), the great French Catholic preacher of the 17th century. He is most famous for his *Oraisons Funèbres* and for his fearless and temperate defence of the rights and liberties of the Gallican church against the encroachments of the Pope. The book here referred to is *L'Histoire des Variations des églises protestantes*.
l. 15. *superbe*, not of course 'superb.' The French word keeps very close to the Latin meaning and denotes 'pride' especially as shown in outward action :

"J'entrevois votre mépris, et juge à vos discours
Combien j'achèterai vos superbes secours."
Racine, *Iph.* IV. 6.

It cannot, however, be used freely as a synonym for *orgueilleux*.

NOTES.

l. 18. *s'échappaient*, 'diverged,' with some idea of resistance to control. The word is used of trees which run to branches and leaves rather than fruit.

l. 19. *professaient l'Évangile;* we should say 'Gospel religion.'

l. 21. *méconnue*, 'unrecognised,' 'forgotten.'

l. 22. *entre elles*, 'in their relations to each other.' *leur était à toutes*, E.B. 51.

contre; we say 'as against.'

l. 23. *irrévocablement acquise*—exactly answers to the Greek κτῆμα ἐς ἀεί, 'an inalienable possession.'

l. 24. *C'était là*, E.B. 71. Translate freely 'this was what the bulk (*générale*) of the English people had really at heart (*intime*); this was all it asked...'

l. 26. *décidée*, 'resolved,' having the meaning of *se décider*.

l. 28. *préserverait*, conditional because *décidée à supporter longtemps* contains a future idea. E.B. 177.

l. 31. *ne surent*, 'could not.'

l. 33. *affecter*, 'claim,' 'desire,' p. 60, l. 3.

PAGE 67.

l. 2. *les ménagements et les transactions;* see notes on p. 7, l. 7.

l. 6. *Il avait subi;* arrange differently in English, 'not only had he witnessed the vagaries and the disappointments to which the institutions of his country had led, but he had had painful experience of the blows inflicted upon them (or of the blows they could inflict).' Perhaps the phrase *subi les coups...des institutions* is scarcely consistent with the usual lucidity of French style.

l. 7. *mécomptes*, 'miscalculations,' and therefore from another point of view 'disappointments,' the results of such miscalculations.

l. 9. *se portaient*, 'were directed.'

l. 10. *sa pente à tomber*, 'the facility with which he fell,' cf. p. 63, l. 6; *penchant* would probably be preferred now.

l. 13. *quand il lui vendait*, by the Treaty of Dover, 1670; *la politique* refers especially to the foreign policy of England, which Charles placed under the direction of Louis.

l. 15. *sceptique;* pronounce *septique*.

l. 16. *d'esprit;* E.B. 135.

l. 26. *conséquent*, 'consistent.'

l. 27. *entreprenant*, 'rash,' see p. 4, l. 32.

l. 30. *rentrant...mais résolue*, a good instance of the non-agreement of the present participle. *E.B.* 212 a.

PAGE 68.

l. 8. *de leurs intrigues* compared with l. 9 *par leurs efforts*, *E.B.* 130 a. In the latter case the force is quite an external one, in the former it is more than a mere instrument.

l. 10. *des mouvements*, for example the rising of the Covenanters in 1679 and the insurrections of Monmouth and Argyle in 1685.

l. 11. *en apparence* is opposed to *réellement*, *apparemment* to *certainement*.

l. 14. *cette pente*, literally 'this slope,' more freely 'the chance of such a catastrophe.' See p. 63, l. 6.

l. 17. *À mesure que*. How would this sentence be arranged if *à mesure que* were omitted and *plus* put first? *E.B.* 42.

l. 25. *commander*, 'enjoin.'

CHAPTER VII.

PAGE 69.

l. 4. *Clarendon* (Edward Hyde), 1609—1674. It should be remembered that he began life on the popular side, and even took part in the earlier stages of the impeachment of Strafford. He belonged to what may be called the party of Constitutional Royalists. This, and the following sentence might, with advantage, be differently broken up in English. 'Their leader was Clarendon, a man of strong convictions, upright and acute....He detested...'

l. 8. *à ce point que*, (often *à tel point que*) a favourite form of consecutive sentence. *E.B.* 255, Obs. 1.

l. 9. *indistinctement*, not 'indistinctly,' but 'without distinction.'

l. 10. *antipathique*, 'repugnant,' the opposite of *sympathique*. Notice that both words have a syllable less than the English 'sympathetic &c.'

plus hautain que fier; plutôt is perhaps more frequently used when the adjectives are compared. The passage shows pretty well the meaning of the two adjectives. The next two clauses are amplifications of *hautain*.

l. 13. *faste*, 'ostentation'; *roideur* (pronounced *raideur*), perhaps 'pedantry.' *Roide* is one of three or four words in which the spelling *oi* is retained with pronunciation *ai*. This spelling was formerly used in *connois, parlois, parleroient, François* &c. The change to *ai* was proposed in the 17th century but not adopted. Voltaire subsequently took it up, but it did not become general till 1790, when the *Moniteur* formally adopted it. The Academy did not recognise it till 1835. The Norman pronunciation of *oi* was *ei*, whence the English 'prey' from *proie*, 'Langley' from *Langlois* &c.

Auprès du roi, E.B. 167.

l. 14. *qui lui portait*, 'whose esteem for him was...'

l. 18. *des appuis contre la cour*. One such support was his alliance with the Royal Family by the marriage of his daughter Anne Hyde to the Duke of York, afterwards James II.

l. 19. *puiser...dans*, E.B. 159, Obs. 5.

Il prétendait maintenir...la couronne, 'he desired at once to make the crown continue to respect...and to keep the House of Commons in the modest position it formerly occupied.' For *maintenir* see p. 60, l. 21.

l. 23. *astreindre*, 'bind over,' from *adstringere*, as *peindre* from *pingere*.

PAGE 70.

l. 1. *responsabilité nécessaire*. Clarendon's ideal was the monarchy of Elizabeth; Charles II.'s that of Louis XIV. For a clear explanation of the conditions which made the Tudor principles of government possible in the 16th century and impossible in the 17th, see Macaulay's *England*, Ch. I.

l. 2. *chimérique*. Why is the adjective put first? See *E.B.* 34, Obs. 2.

au sortir—one of the few infinitives that have become completely nouns, *E.B.* 188, Obs. 2.

l. 3. *qui ne fût*, *E.B.* 253. These words are better omitted in translation, though required by the logical character of French. No such government was established, and therefore it is premature to call it arbitrary or limited. Remember to insert such words in rendering similar passages of English into French or Latin, just as "(youth) is the natural time for choosing a profession" is best translated "...tempus a natura ad deligendum, quam quisque viam vitae sit ingressurus, datum est."

l. 5. *arrogance monarchique*, 'the arrogance with which he asserted the rights of the crown'...'the intolerance with which he supported the episcopal church.' If we used the adjectives 'monarchical,' 'episcopal,' it would mean that Clarendon acted like a king and like a bishop. The expressions *arr. mon.* and *int. épis.* are not quite elegant French.

l. 8. *s'en prenait à lui*, p. 16, l. 29.

l. 9. *les malheurs publics*, the appearance of the Dutch fleet in the Medway, the mutiny of the sailors, the Great Fire of London, and the insurrection of the Covenanters in Scotland.

l. 10. *il n'était plus*, 'he was now only.' *E.B.* 188, Obs. 3.

l. 11. *compromettant*, wants a little expansion in English 'who made him unpopular.'

l. 14. *C'est méconnaître*, p. 2, l. 10.

l. 15. *décident*, p. 12, l. 2.

l. 18. *passe*. Note this use of *passer* in the sense of 'forgive,' literally 'to pass over to or for a person.'

l. 20. *Richelieu*, Cardinal (1585—1642), the great minister of Louis XIII., the founder of the French Academy, and the real originator of the absolute monarchy which attained its height under Louis XIV. He opposed in every possible way the power of Spain and Austria, even to the extent of helping the Protestants in the Thirty Years' War after the death of Gustavus Adolphus. Dean Kitchin thus sums up the results of his career—"Abroad, though a Cardinal of the Church, he arrested the Catholic reaction, freed Northern from Southern Europe, and made toleration possible; at home, out of the broken fragments of her liberties and her national prosperity, he paved the way for the glory of France." For *Mazarin*, see p. 49, l. 15.

The two statesmen are contrasted in Voltaire's *Henriade*.

Richelieu, grand, sublime, implacable ennemi ;
Mazarin, souple, adroit, et dangereux ami ;
L'un fuyant avec art, et cédant à l'orage,
L'autre aux flots irrités opposant son courage ;
Des princes de mon sang ennemis déclarés,
Tous deux haïs du peuple et tous deux admirés,
Enfin par leurs efforts ou par leur industrie
Utiles à leurs rois, cruels à la patrie.

Walpole (1676—1745) the statesman to whom was due, more than to anyone else, the completion of the settlement and the preservation of peace at a time when peace was most required by England. "The prudence, steadiness, and vigilance of that man," says Burke, "preserved the crown to the Royal family and with it their laws and liberty to this country." Cassell's *Dictionary of English History*.

l. 25. *se trompa sur son époque.* See Macaulay's *England*, Chapter 11.

l. 28. *il n'y avait qu'à rétablir,* 'the only thing to be done was to reestablish,' ' one had only to reestablish.' Notice *à* as after *avoir*, *E.B.* 203, Obs. 2.

l. 29. *en précipitant*, rather 'while' than 'by,' *E.B.* 213. (a). In this sense it is often preceded by *tout*. Notice the contrast between *précipitant* and *lancée*.

Page 71.

l. 2. *le concours nécessaire.* A literal translation "the necessary concurrence" would be meaningless. Perhaps 'the obligation of the crown to consult Parliament' might do. Remember that *concours* often means 'competition' as well as 'concurrence.'

l. 3. *repoussa;* 'rejected' would hardly do. The idea is that of wishing to have nothing to do with a thing, 'refused to recognize.'

l. 5. *reconnaître,* 'discover.'

l. 6. *tourner.* The neuter verb indicates a less marked change than the pronominal *se tourner*.

l. 9. *mortels,* 'unpardonable,' in the technical sense of *péché mortel*. 'a deadly sin,' as opposed to a venial one. Some turning is required in this sentence.

l. 13. *les roués.* The word properly means 'broken on the wheel,' a punishment reserved for the worst criminals. It was applied in jest by the Regent Orleans (1674—1722) to his dissipated companions, and has ever since been used of disreputable and unprincipled men.

Buckingham (George Villiers, 1627—1688) son of the Minister of Charles I., the Zimri of Dryden's *Absalom and Achitophel:*

"A man so various that he seemed to be
Not one, but all mankind's epitome;
Stiff in opinions, always in the wrong,
Was everything by starts and nothing long."

Macaulay calls him "a sated man of pleasure who had turned to ambition as to a pastime."

Shaftesbury (Anthony Ashley Cooper 1621—1683), the Achitophel of the same poem. He sat in the Long Parliament and in two of Cromwell's Parliaments, and was in office immediately after the Restoration and one of the chief members of the Cabal Ministry. On the fall of the Cabal he joined the opposition, returned to power for a short time when

the country was excited by the Popish Plot, and then carried the Habeas Corpus Act. The character given of him by Dryden:
"For close designs and crooked counsels fit
Sagacious, bold and turbulent of wit;
Restless, unfixed in principles and place
For power unpleased, impatient of disgrace,"
is that generally accepted, though probably too highly coloured. But it is difficult, in spite of some great services on his part to the cause of liberty, to look upon him as a high-minded and disinterested politician.

l. 14. *spirituel;* 'witty' is the nearest English, but the range of *esprit* is considerably wider than that of 'wit.'

l. 22. *de vouloir*, E.B. 198.

l. 23. *téméraires et immoraux;* notice two coupled adjectives preceding the noun, E.B. 35 (5).

l. 25. *près de*, to be carefully distinguished from *prêts à*.

l. 27. *point d'appui* is especially applied to the fulcrum of a lever. Thus Danton says "vous avez une nation entière pour levier, la raison pour point d'appui, et vous n'avez pas encore bouleversé le monde." Perhaps we might say 'by making the machinery of government rest on the House of Commons.'

l. 30. *ce qui ne se peut qu'autant que*, 'which is only possible in so far as...' These lines contain an excellent description of Party Government. For *ce qui*, see E.B. 90.

l. 31. *avec suite*, 'consistently.'

PAGE 72.

l. 1. *longues*, 'enduring,' 'lasting.'

l. 7. *le ministère.* It is not possible to treat the Cabal, as if it had been composed, like a modern ministry, of men of the same opinions holding office so long as those opinions commanded the confidence of the country. As Guizot points out, this was not the case.

l. 8. *de concert*, E.B. 137.

l. 10. *mécomptes;* translate freely 'disappointments,' p. 67, l. 7.

dans les régions voisines du pouvoir. We should probably say 'in the highest quarters.'

l. 12. *personnalité*, nearly the same as *égoïsme*. "Ah! mon pauvre ami, la personnalité, ce sentiment si naturel, devient atroce dans un homme public, sitôt qu'elle est passionnée." Marmontel. The word is not quite so strong as our 'selfishness.'

1. 22. *tantôt ils unissaient...* The Triple Alliance of England, Holland and Sweden (1668) against France and the infamous treaty of Dover (1670) are meant. The relations of England to the three powers, Spain (which then held Belgium), France and Holland were complicated. The nation was drawn towards Holland as a Protestant power, while disliking her as a commercial rival. Nor were the ministers by any means a united body; the secret clauses of the Treaty of Dover were studiously concealed from three of them. In the same way in domestic policy, inconsistency was inevitable; the Cavalier Parliament made a liberal policy towards dissenters, of which Shaftesbury at least was genuinely in favour, a complete impossibility; the king was doing all he could to secure the toleration and the eventual triumph of Catholicism.

1. 25. *Ils accordaient*, by the Declaration of Indulgence, 1673.

1. 29. *la chambre des communes irritée.* It was the same Parliament which had passed the detestable acts with which Clarendon's name is associated. The measure referred to is the Test Act, directed mainly against the Catholics.

1. 33. *tâtonnements*, p. 66, l. 4.

PAGE **73**.

1. 3. *solidité*, 'character,' 'permanence.' It is often used of seasoned troops; 'la solidité de vieilles troupes.'

1. 5. *se laissait...prendre à*, 'allowed itself to be caught by.' The construction is analogous to that of *faire*, and is literally—*laissait* 'allowed,' *à ces pièges* 'these snares,' *prendre* 'to take,' *se* 'itself.'

1. 6. *à croire*, dependent on *empressement*, the construction after which is the same as after *empressé*, *E.B.* 203, Obs. 4.

1. 7. *de qui*, *E.B.* 91 (1). For *de* we might have had *de la part de* or *chez*.

1. 9. *Leur vie licencieuse*, singular in French, plural in English, *E.B.* 60, Obs. 2.

1. 10. *affichée; affiche* means a notice or bill publicly posted, and thus the adjective refers to vices which a man studiously avows. Perhaps 'avowed' or 'unblushing' would do, or the one noun 'effrontery' would express the meaning of *perversité affichée*.

1. 13. *fonds*, 'stock,' not to be confused with *fond*.

1. 16. *des traités*, the Treaty of Dover, mentioned above p. 72, l. 22.

l. 19. *millions*, of francs not pounds. The amount was £200,000 a year.

l. 21. *ignora*, 'remained ignorant of' not 'ignored.'

l. 22. *pressentiments*; notice the difference of spelling.

l. 23. *souvent égarent*. Note the position of the adverbs probably to bring out the contrast; 'which often, it is true, mislead, but sometimes enlighten a nation in the most marvellous way.' Notice a slight difference of idiom in translation of *les peuples*.

l. 26. *ne se livra point à eux*, 'refused to put itself in their power.'

l. 27. *finit par*, 'eventually.' E.B. 209.

l. 28. *grandi* is more frequently a neuter verb.

l. 32. Osborne (1631—1714), successively Earl of Danby, Marquis of Carmarthen and Duke of Leeds.

PAGE 74.

l. 2. *Entré...et associé*, p. 12, l. 1.

l. 4. *il provenait du pays*, 'he was from the country.' The word *provenir* strictly means 'was a product of' and is therefore appropriate here. The opposition to the Cabal came from the 'Country Party.' Macaulay says of it "That party included all the public men who leaned towards Puritanism and Republicanism and many who, though attracted to the Church and hereditary monarchy, had been drawn into opposition by dread of Popery, by dread of France, and by distrust at the extravagance, dissoluteness and faithlessness of the Court."

l. 11. *en achetant les suffrages*. "'The Cabal had bequeathed to him the art of bribing Parliaments...He improved greatly on the plan of the first inventors. They had merely purchased orators; but every man who had a vote might sell himself to Danby." Macaulay.

l. 14. *solidarité*, 'mutual responsibility.' It is properly a legal term, and means the exact opposite of limited liability. Thus if *A, B, C* and *D* enter into an *engagement solidaire* for the payment of a debt, and *B, C, D* cannot pay, *A* must pay the whole, and so on. It is therefore constantly used in modern speech to denote a complete community of interests.

seules, E.B. 288 a (3).

l. 15. *ramenant*; the idea of 'back' has been lost, as in the English 'reduce.'

l. 16. *une même*, best rendered 'one,' or 'one and the same.' E.B. 80.

l. 20. *intelligence.* See note on p. 47, l. 3 for a special meaning of the word.

l. 21. *détermina*, 'induced.'

l. 26. *solidement*, 'on a firm basis.'

de la prérogative..., briefly 'Church and King.'

l. 29. *concouru*, 'contributed.'

l. 32. *faisaient prendre....* We have no exact phrase answering to *prendre un développement.* Translate 'stimulated the Whig party to...'

l. 33. *salutaire*, not 'healthy' but 'beneficial to the country.'

PAGE 75.

l. 1. *puisé...dans*, E.B. 159, Obs. 5. The use of *puisé* with *élans* as well as with *origine* approaches very near to the Latin zeugma, p. 37, l. 33. It would be better to change the metaphors in English... 'owed their origin and the first conspicuous manifestations of their greatness to...'

l. 3. *est né*, 'came into existence.'

sous l'invocation, a Catholic metaphor which we do not use in English. A church is said to be consecrated *sous l'invocation de la Sainte Vierge.* We prefer the classical form 'under the auspices.'

l. 8. *mais où;* avoid the un-English expression 'but in which' after an adjective, E.B. 88 (2).

l. 13. *Soutenue...;* translate 'the struggle was kept up for four years; it led eventually to the fall of Danby...'

l. 14. *la dissolution.* The 18 years' Parliament was really dissolved to save Danby from impeachment. The government had been completely discredited by the revelation of their intrigues with France and by the wild assertions about the Popish Plot.

l. 18. *Temple,* Sir William (1628—1699), celebrated as the negotiator of the Triple Alliance, and as having borne a chief part in arranging the marriage of William and Mary.

Russell, William Lord Russell (1639—1676), third son of the Earl of Bedford, whose second title Lord Russell, came to him in 1678 after the death of his elder brother. He was beheaded in defiance of law and justice after the failure of the Rye House Plot.

Essex, Arthur Capel (1635—1683), no connection of the Parliamentary General, whose name was Devereux. He was son of the Lord Capel, who held Colchester and was beheaded in 1648. He was arrested after the Rye House Plot and committed suicide in the Tower.

Hollis, Denzil Lord Hollis (1597—1681), one of the members who held the Speaker in the chair in 1629. He was subsequently the leader of the Presbyterians in their contest with the Independents. From 1649 to 1659 he lived abroad.

l. 19. *Cavendish*, Earl and afterwards Duke of Devonshire (1640—1712), one of the seven who signed the invitation to William of Orange.

Powle, member for Cirencester, afterwards chairman of the preliminary meeting of commoners summoned by William, and Speaker of the Convention. He was at one time in the pay of Barillon, the French Ambassador.

des modérés flottants, "the Trimmers," so eloquently described in Macaulay's *England*, Chapter II.

l. 20. *Halifax*, George Savile, Marquis of Halifax (1630—1695), the most attractive figure among the politicians of the time. He opposed the Exclusion Bill, and, it is said, even changed votes by his eloquence. His action on that occasion was not, of course, in the interest of James II., but with a view to the eventual succession of the Prince of Orange, whose confidential adviser he was. Do not confuse him with Montagu, Earl of Halifax, a member of the Whig Junto.

l. 23. *La circonstance;* both singular and plural are used in French in this sense. Perhaps 'crisis' is the best rendering. Both languages have also the use of the singular in phrases like 'pomp and circumstance.' Cf. p. 62, l. 20.

l. 26. *Saurait-elle*, here not 'can it,' but 'would it know how.'

l. 29. *avènement*, p. 21, l. 8.

l. 32. *dont*, not *avec lesquelles*, E.B. 130 a.

PAGE **76**.

l. 1. *peu pratiques*, 'unpractical,' p. 8, l. 11.

l. 5. *une sorte de corps intermédiaire*. The Council of Thirty constituted by Temple's Plan of Government. "The new board was half a Cabinet and half a Parliament, and like almost every other contrivance, whether mechanical or political, which is meant to serve two purposes altogether different, failed of accomplishing either." Macaulay.

l. 6. *contenir*, 'keep in check.'

NOTES.

l. 7. *qui avorta en naissant,* 'stillborn.'
l. 8. *portaient l'esprit*.... In modern times, so far from the spirit of opposition being carried into the exercise of power, it is no mere figure of speech to talk of " Her Majesty's Opposition " as well as of " Her Majesty's Ministers."
l. 10. *s'en défendre,* 'to protect themselves from it' rather than 'to repudiate it,' p. 80, l. 30.
l. 11. *mêlés aux,* ' among.'
l. 12. *ne cessaient d'attaquer sourdement,* 'kept up a covert war against.'
l. 13. *nul,* 'non-existent.'
l. 14. *impuissant pour,* 'incapable of securing.'
l. 18. *quelque* used for 'any,' because *quiconque* has the same meaning as an if-clause. *E.B.* 109.
l. 21. *ces révolutionnaires de profession.* See the description of some of them in Macaulay's *England,* Chapter V.
l. 23. *faire de leurs chefs, E.B.* 117, Obs. 1.
compromettaient, 'brought into disrepute.'
l. 25. *monarchique,* ' in favour of monarchy,' 'loyal to the throne.'
l. 27. *vices,* p. 54, l. 15.
l. 29. *la complaisance pour,* ' deference to.'
l. 30. *en avait une,* i.e. *une passion.*
l. 32. *Avertie.* It is well to remember that *avertir* is from *ad-vertere,* 'to turn attention to,' not from *a-vertere.* The *d* has disappeared as in *avenir* for *advenir.*
l. 33. *s'emporta,* 'was carried away,' ' lost its self-control.'

PAGE 77.

l. 4. *s'unirent...à,* 'joined in.'
l. 7. *accès.* We also say ' in an access of rage.' In French one finds *un accès de goutte, les accès réguliers d'une fièvre intermittente.* Here ' paroxysms ' would be the best word.
l. 8. *tomber,* 'subside.'
l. 9. *portèrent...,* freely ' paid the penalty...and bore the weight.'
l. 12. *des iniquités,* ' for the acts of injustice,' *E.B.* 123, Obs. 2.
l. 18. *quelques-uns par corruption,* for example, Buckingham.
l. 19. *roués,* p. 71, l. 13.
l. 20. *d'autres, pleins de patriotisme.* Algernon Sidney himself received 1000 guineas from Barillon.

l. 21. *chimérique*; pronounce the *ch* as in *toucher*, not as in the English *chimerical*. The word is derived from the Greek Chimaera (Χίμαιρα), the fire-breathing monster with lion's head, goat's body, and serpent's tail, slain by Bellerophon.

l. 26. *servir*, E.B. App. II.

l. 27. *Louis XIV tira bien plus de fruit.* Louis had just established his three *Chambres de Réunion* to recover any domains to which he could lay claim as belonging to Alsace, Lorraine and Franche Comté. By this means he took from Germany a considerable amount of territory without even a pretence of war. It was of the utmost importance to him to prevent an European war at this time.

l. 29. *qu'ils ne trouvèrent*, E.B. 291.

d'avantages; why genitive?

PAGE 78.

l. 3. *fondées, mais lointaines*, 'well founded indeed, but dealing with remote contingencies.'

l. 4. *sans que*, E.B. 257; some turning wanted.

actuels, 'present,' opposed to *anciens*, rather than 'actual' meaning real.

l. 7. *par voie de*, a somewhat legal phrase.

l. 9. *au prix de*. It is worth while to remember the other sense of this phrase, 'in comparison with.'

vue très superficielle. This is hardly a just criticism. 'Never do to-day what you can put off till to-morrow' is not a very safe maxim. For the real objection to the Exclusion Bill see note on l. 19.

l. 13. *on porte atteinte*, 'a blow is struck.' The phrase is generally applied to things having a certain amount of sanctity, as honour, truth &c. It is, therefore, a stronger word than *enfreindre*, 'to infringe.'

l. 16. *Ce que...c'était*, E.B. 69.

l. 19. *de subordonner...la base de la monarchie.* M. Guizot is mistaken in assuming that the English monarchy is strictly hereditary in theory as well as in practice. In early days, the Witan chose the sovereign, though custom limited their choice to a particular family. Later on, not to mention the deposition of Edward II. and Richard II., the title of Henry VII. was distinctly parliamentary. The principle of a parliamentary title was reasserted in 1688 by the Act of Settlement. The real objection to the Exclusion Bill was that it set aside the eventual claim of William and Mary in favour of a questionable person like Monmouth.

1. 25. *aux forces propres*, 'to such strength as belonged to their party in itself.'

en présence de, p. 7, l. 4.

1. 33. *passer outre*, 'to go on,' and often 'to proceed to extremities.' It is opposed by Molière to *en demeurer là, s'en tenir là*.

PAGE 79.

1. 1. *demeura....* We should use another metaphor and say 'was far from being set at rest.'

1. 4. *voté*, 'carried.'

1. 8. *prononça la dissolution*. This happened twice. The second Parliament of Charles II. which met in 1679 was dissolved Jan. 18th, 1681. A new parliament met at Oxford in March of the same year and was dissolved after a few days. Of course it was Parliament, not merely the House of Commons which was dissolved.

1. 9. *forma son conseil de torys seuls*; not quite correct. Halifax remained in power; Sunderland, Lawrence Hyde, afterwards Earl of Rochester, and Sidney Godolphin backed the Duke of York, who returned to the Council. Sunderland and Godolphin had both voted for the Exclusion Bill and both eventually held office in Whig Ministries.

1. 10. *Années lugubres*. The form of the sentence should be quite changed in English.

1. 13. *divers* qualifies both nouns, 'in different degrees and with different objects.'

1. 15. *fût-ce*, *E.B.* 283. Notice that this construction is far less freely used in the protasis of a conditional sentence in French than it is in German.

1. 17. *soldats inférieurs et désespérés*, 'the subalterns and desperadoes'; 'the forlorn hope' would be an idiomatic, though not an exact rendering. The persons implicated in the Rye House Plot, Rumbold, Wildman, Col. Ramsey &c. are meant.

1. 20. *une publicité incomplète*, 'the suppression of evidence.'

1. 21. *des procès conduits...*, especially those of Russell and Sidney, in both of which the evidence was notoriously inadequate, as indeed it had been at the trial of Lord Stafford.

1. 25. *ses plus nobles chefs*, Russell and Sidney.

1. 27. *l'hostilité destructive*, 'the passion for destruction.'

Les chartes des villes. The Court of King's Bench pronounced that the franchises of the City of London were forfeited to the Crown, and the government proceeded to attack many other corporations which had returned Whig members to Parliament.

l. 30. *Les conspirateurs.* See the description in Macaulay's *England*, Chap. V. of the refugees in Holland, Lord Grey of Wark, Ferguson, Rumbold, &c.

PAGE 80.

l. 8. *frappait d'anathème*, 'anathematized.'

l. 9. *Forts de cet appui*, 'relying on this support,' 'on the strength of this support,' i.e. the support of the church. The expression is common enough in poetry:

"Et forte désormais de vos droits et des miens."
Corneille.

Rochester, Lawrence Hyde, Earl of Rochester (d. 1711), second son of the Chancellor Clarendon. He was dismissed by James II. for refusing to turn Catholic (see p. 84, l. 16). He was from time to time in office during the succeeding reigns.

l. 13. *un tiers parti.* The adjective *tiers* is limited to a few phrases, *le tiers état, le tiers parti, écrit à la tierce personne, fièvre tierce,* &c.

autour d'Halifax. "Halifax in particular...had, from the very day on which the Tories had by his help gained the ascendant, begun to turn Whig." Macaulay.

l. 15. *si l'on ne rentrait, E.B.* 296.

l. 21. *tout ce qui...d'adresse, E.B.* 129.

l. 23. *vinssent lui imposer* means substantially the same as *imposassent*, but avoids the unpleasant sound, *E.B.* 179 a, and is a little more picturesque.

l. 25. *les inquiétudes du mourant;* had *ses inquiétudes* been used, we must have had *de mourant, E.B.* 20.

l'emportèrent, E.B. 77.

l. 26. *se refusa à*, p. 54, l. 31.

instances, 'entreaties,' p. 49, l. 11.

l. 30. *il s'était...défendu ; se défendre de* is often used in the sense of 'to deny,' 'to repudiate.' "Un homme...me demanda si je n'étais point auteur de certaines brochures, je m'en défendis fort." P. L. Courier.

l. 31. *hors de laquelle*, recalling a Catholic formula, "hors de l'église, point de salut."

l. 32. *n'osait pas ; pas* is often omitted with *oser E.B.* 290 (1).

CHAPTER VIII.

PAGE **81**.

l. 2. *une autre*, stronger than *d'autre* 'not one single thought but this.'

entraînement, 'enthusiasm,' from *entraîner*, 'to carry away.' "Elle avait mêlé toute sa vie le calcul à l'entraînement." Mme de Staël. Notice the change of construction *par l'entraînement...pour satisfaire*, which might raise an objection.

l. 3. *dominant*, applied to *goût, passion* &c. means 'so strong as to prevail' as we use the word 'ruling.' It is to be distinguished from *dominateur (esprit, regard* &c.) which means 'commanding,' 'capable of controlling others.' I should be disposed to render *dominante* here by 'uncontrollable.'

l. 4. *intraitable*, perhaps 'dogged,' or 'unreasonable,' p. 46, l. 14.

l. 16. *Devenu roi*, 'as soon as he became king.'

délivrance, 'emancipation,' as in the phrase 'Catholic Emancipation.'

l. 20. *Triste enchaînement*..., 'such is the disastrous concatenation'; and repeat 'human' with the two nouns.

l. 21. *s'appellent*, 'evoke each other'; the sentence might be rendered rather freely "error evokes error, injustice breeds injustice."

PAGE **82**.

l. 10. *des taxes*, i.e. the customs. His wiser advisers urged that they should be collected and kept apart till Parliament met, 'earmarked,' as the modern phrase is.

l. 12. *redoublait de rigueur*, E.B. 135.

l. 13. *suspendre*. The "Suspending Power" is the technical term.

l. 14. *porter...de graves atteintes;* see p. 78, l. 13; perhaps "to deal blows" is the nearest English; *atteinte* is used in its literal sense in speaking of "tilting at the ring," otherwise always metaphorically. For *atteindre* see p. 2, l. 5.

l. 17. *Tout en protestant*, E.B. 213 (2). The genitive of respect, E.B. 135, is used with *protester*, of what is claimed. In legal language it is also used of what is protested against, *protester de violence.*

l. 19. *tenir compte de*, 'be grateful for,' 'give credit for.'

l. 24. *se porter*, 'inflict on each other.'

CHAPTER VIII.

l. 27. *dans leurs rapports*, 'in their relations with each other.'

l. 30. *coups d'État*. A *coup d'État* is an unexpected political move and is especially applied to a violent subversion of the constitution on the part of the sovereign. It thus corresponds to a revolution on the part of the people. The name is especially associated with the proceedings of the 18th of Brumaire and with those which made Napoleon III. master of France in 1852. We have no equivalent word; the German is *Staatsstreich*.

l. 33. *Plus les craintes....* Render freely "the eagerness of men's hopes is in proportion to the intensity of their fears."

PAGE 83.

l. 1. *Les torys dominaient...*This was partly in consequence of Charles's tampering with the charters, which left the borough constituencies Tory, and partly in consequence of the reaction after the failure of the Rye House Plot.

l. 3. *prenait*, notice the tense.

l. 9. *sceptiques et corrompus*, not a mere epithet, 'so sceptical and corrupt were they.' This is a little exaggerated; only a few of the leading men, Sunderland, Perth, Melfort, &c. went so far as to propose to be converted to Catholicism.

l. 10. *dans une mesure inconnue*, 'to an indefinite extent.'

l. 12. *encore*, i.e. even so long after the civil wars.

l. 15. *ses filles...*Halifax acted all along with a view to the eventual succession of William and Mary.

l. 17. *quelque temps*, E.B. 114.
terme, p. 58, l. 18.

l. 18. *risquer*, 'run the risk of.'

l. 19. *les ambitieux désespérés*, perhaps 'desperate schemers.' Notice how easily an adjective becomes a noun in French. *E.B.* 37.

l. 20. *réfugiés* = *qui s'étaient réfugiés*, see p. 79, l. 30. *Proscrit* is here the noun as *ambitieux* above.

l. 24. *Argyle*. Archibald Campbell, 9th Earl of Argyle. His father, the Marquis of Argyle, had been the head of the Scottish Covenanters and was put to death after the Restoration. Only the earldom descended to his son. The son after 20 years of very moderate and cautious opposition to the government was sentenced to death on a frivolous charge during the Viceroyalty of James (then Duke of York). "I know nothing of Scotch law," said Halifax to King Charles, "but this I know, that we should not hang a dog on the grounds on which my lord Argyle has been sentenced." For the whole story of the insurrection, see Macaulay, Chap. V.

l. 25. *en fut ému; en* 'by it,' *ému* from *émouvoir.*
l. 26. *insurgés*, where we say 'insurgents.' So *émigrés*, 'emigrants.'
l. 27. *elle n'éclata point*, 'they did not show it openly.'
Le parti whig ne soutint point. "Not a single peer, baronet or knight, not a single member of the House of Commons...had joined the invaders." Macaulay.
l. 30. *leur tête;* notice the singular, *E.B.* 60, Obs. 2.
l. 31. *ni leur personne ni leurs vues.* It is difficult to render *répondaient* by an English word applicable to both subjects. We should probably say 'but they excited no personal enthusiasm, nor did their aims harmonize with the feeling of the nation.'

PAGE **84**.

l. 1. *engagés dans*, 'committed to,' p. 16, l. 9.
vainqueur..., 'having triumphed over his enemies and secured the obedience of his subjects.' For *obéi de*, see *E.B.* 130. It is an excellent instance of the use of *de* rather than *par* with the agent; here, the person obeyed has a share in securing obedience. For *obéir* used in the passive, see *E.B.* 146 a, Obs.

l. 3. *Il prenait plaisir.* See the accounts in Macaulay, Chap. II. of the pleasure taken by James in the torture of prisoners in Scotland, and in Chap. V. of his delight in the records of the Bloody Assizes. For the dative, see *E.B.* 146.

l. 4. *Jeffreys.* George, Lord Jeffreys (1640—1689), probably the worst man that ever sat on the English Bench. His name is especially associated with the trial of Algernon Sidney and of Richard Baxter, whom he treated with blasphemous impudence, and with the Bloody Assizes, in which he outdid even his own record. For his conduct on the Bloody Assizes he was made Lord Chancellor.

ministre, in its literal sense, not in the sense of a minister of state.
l. 5. *cynique.* See note on p. 14, l. 5.
l. 6. *exercées,* 'practised' or perhaps might be omitted in English, *E.B.* 168 a.
l. 8. *dans le public...;* we say in English 'among high and low.'
l. 10. *profonds*, *E.B.* 32.
l. 12. *dans ses droits vitaux*, especially by the establishment of a new Court of High Commission, that is, a machinery for carrying out

CHAPTER VIII.

the supremacy of the Crown in matters ecclesiastical. One of its first acts was to suspend Compton, Bishop of London, from his spiritual functions.

l. 13. *dans les derniers replis*, 'in the inmost recesses.'

l. 15. *de nommer des catholiques*, Massey, a Catholic, was appointed Dean of Christchurch; Obadiah Walker, Master of University, publicly went over to Rome; the Fellows of Magdalen, Oxford, were ordered to elect another Catholic, Anthony Farmer, as their President. They pleaded his infamous character, and were then ordered to choose Parker, Bishop of Oxford, a Catholic at heart. They again refused and were expelled for non-compliance. No similar incident took place at Cambridge.

l. 20. *deux coteries*. Some of the most eminent Catholics, for example Lord Powis and Lord Bellasyse, were opposed to the extreme counsels urged by Castlemaine, Tyrconnel and others.

l. 21. *emportée*, 'violent,' often used of an unmanageable horse. It is opposed to *prudente*, as *intrigante* to *honnête*. Notice the difference between *intrigant* and *intriguant*, E.B. 216.

se disputaient; se means 'with each other.' Compare p. 3, l. 18.

l. 22. *et lui montraient*. Reconstruct the sentence and turn *montraient* a little differently with *le péril*, and *le but* 'the one sought to restrain him from...the other warned him....'

l. 24. *ne manqua pour éclairer*, 'was wanting to enlighten.' What would *d'éclairer* mean?

l. 27. *échoua contre*. The metaphor is from a ship running on to a rock or shoal; *à* and *sur* are also used, *à la côte, sur un rocher*. With *contre* it is generally used metaphorically, and means complete failure.

l. 28. *le père Petre*. One of James's worst counsellors. It was he who suggested to the King the practice of 'closeting,' or private interviews to tamper with important statesmen.

l. 29. *au clergé*, E.B. 144.

l. 30. *la déclaration*, i.e. the second Declaration of Indulgence, April 25, 1688.

l. 31. *abolissait*. Note this use of the imperfect in stating the terms of a treaty, edict &c., side by side with the fact of its being published (*ordonna*) put in the past definite. *E.B.* 172.

l. 33. *L'archevêque de Cantorbéry*, Sancroft. The six Bishops were Lloyd, Ken (author of the Morning and Evening Hymns), Trelawney, Lake, Turner and White.

se refusèrent à, p. 54, l. 31.

PAGE 85.

l. 3. *la cour du banc du roi,* 'the Court of King's Bench.' Notice how much more free we are with our capitals than the French.

libelle séditieux. Our modern idea of libel is almost exclusively limited to statements affecting private persons. Before the revolution it was held to be libellous to publish a writing reflecting on the Government, or upon the character, or even the capacity and fitness of anyone employed in it. It is only by slow degrees that the present freedom of criticism has been attained. In 1868 it was held by Lord Chief Justice Cockburn that "criticism of the Executive is at the present time so important that individual character may be sacrificed." (*Dictionary of English History.*)

l. 5. *de toute l'Angleterre* belongs both to *attente* and to *soupçons*. In English we take it with the former.

l. 6. *dominante,* to be distinguished from *dominatrice,* which denotes habitual supremacy. The use of *dominer* immediately afterwards is careless.

fit éclater, 'loudly manifested.'

l. 8. *à raison de,* equivalent to *à cause de*. *En raison de* is 'in proportion to,' as "Les corps s'attirent en raison directe de leurs masses, et en raison inverse du carré de leurs distances."

l. 12. *entrait...firent.* Notice the difference of tense.

l. 15. *seuls,* 'unaided,' 'by themselves.'

rallier (*re-allier*), which is a trisyllable (*ra-li-er*), should be distinguished from *railler,* 'to ridicule,' which has only two syllables, pronounced *ra-yer,* and *rayer* 'to erase,' pronounced *rai-ier.*

l. 16. *avaient échoué,* E.B. 184; the action of failing, rather than the result, is thought of.

l. 20. *seule,* E.B. 288 a (3).

l. 22. *tout devoir sa réciprocité,* almost impossible to render literally. Translate 'that every duty involves a corresponding right' or very freely 'royalty has its duties as well as its rights.' The meaning of *réciprocité* is well illustrated by the English use of the word 'Reciprocity' as opposed to Free Trade. For the amplification of these remarks see Macaulay's *England,* Vol. II. Chap. 9.

l. 26. *avait droit à,* but *avait le droit de.*

l. 30. *Russell.* Edward Russell (1655—1727), afterwards Earl of Orford, a cousin of William Lord Russell, subsequently gained the battle of La Hogue.

CHAPTER VIII.

Sidney, Henry, afterwards Earl of Romney, brother of Algernon Sidney.

l. 31. *Cavendish*, William (1640—1712) Earl and afterwards Duke of Devonshire.

Shrewsbury, Charles Talbot, Earl of Shrewsbury (1660—1718), son of the Countess of Shrewsbury associated with
"Cliefden's proud alcove,
The bower of wanton Shrewsbury and love."
He was a member of a Catholic family, but embraced Protestantism at an early age. He played an equally conspicuous part in securing the Hanoverian succession at the death of Queen Anne.

Lumley, created Earl of Scarborough in 1690, died 1721. He rendered great service to James in the suppression of Monmouth's insurrection.

l. 32. *du tiers parti.* See p. 80, l. 13.

Halifax, p. 75, l. 20. By not joining in the invitation to William, he was placed in a very advantageous position for guiding the Revolution, and it is at least probable that he foresaw this. His whole previous policy had been in favour of William's eventual succession.

PAGE 86.

l. 3. *l'amiral Herbert*, afterwards Earl of Torrington, one of the victims of James's 'closetings.' Under William he was placed at the head of the admiralty, but proved a complete failure. The sailors, punning on his title, called him Lord Tarry-in-town.

l. 8. *à tout risque*, 'at any risk.' *E.B.* 109.

l. 12. *le procès intenté aux évêques.* See p. 84, l. 33. English dispenses with the participle. We should say 'the suit against the bishops.' See *E.B.* 168 a.

l. 13. *il eut reçu*, to match *annonça*, not *avait reçu*.

l. 20. *convenance*, 'expediency.'

l. 22. *défenseur;* begin a new sentence 'to the former he was the defender of Protestantism, to the others of the Balance of Power.'

l. 24. *Jamais*, *E.B.* 27 a.

l. 25. *par avance* means a little more than *d'avance*, which is simply beforehand'; *par avance* contains the idea 'in anticipation,' 'as a preliminary.'

l. 32. *Innocent XI.* Louis XIV. had alienated him by his obstinate adherence to the right of his ambassadors in Rome to keep up a sort of Alsatia for the criminals of that capital, and by his opposition to the Holy See in reference to the Archbishopric of Cologne. Moreover, he was inclined to the Jansenists, while Louis was in the hands of the Jesuits.

à *qui*, *E.B.* 144, Obs. 3.

PAGE 87.

l. 12. *pressentiment;* notice the difference of spelling.

l. 14. *Plus de six semaines*, i.e. from Nov. 5 to Dec. 18.

l. 18. *pas une goutte de sang.* There were a few skirmishes between William's English troops and the Irish outposts of James's army.

l. 28. *ses généraux*, especially Churchill, afterwards Duke of Marlborough, whose desertion involved that of the Princess Anne.

l. 30. *alla rejoindre* contains no idea of *re*joining. As a matter of fact she joined Danby at Nottingham, attended by Bishop Compton in a buff coat and jack-boots.

l. 33. *ramené....* This is not quite correct. He was brought back to London by a troop of the Life Guards sent to Sheerness at his own request.

l. 34. *quelques jours encore*, 'a few more days.'

PAGE 88.

l. 8. *Convention.* The same name, or rather that of Convention Parliament, was given to the assembly convened by Monk at the Restoration of 1660.

l. 14. *Les plus timides* refers to what was known as Sherlock's plan, the adoption of which was made impossible by James himself.

l. 18. *serait*, the strictly accurate tense, *E.B.* 177. We prefer to avoid the verb and to say 'with the P. of O. for president.'

l. 20. *Beaucoup de whigs.* A Committee of the House of Commons drew up a report, which included the assertion of the principles violated by James and a number of new laws to be passed before the throne was filled. The latter part was set aside as occupying far too much time.

l. 24. *souveraines*, p. 2, l. 20, p. 57, l. 28.

l. 25. *dans la monarchie*, 'within the monarchy,' *E.B.* 159 a (2).

l. 28. *une régence.* This was Sancroft's plan, supported by Rochester and Nottingham and opposed by Halifax and Danby.

CHAPTER IX. 187

l. 33. *vacant.* The question as to whether the throne could be vacant was argued in the conference between the Lords and the Commons. The precedent of 1399, when Richard II. was succeeded by Henry IV., played an important part in the discussion. For *vacant, vaquant,* see *E.B.* 216.

PAGE 89.

l. 4. *se dessinaient,* 'began to take shape.' It is used of outlines of mountains, for example, beginning to stand out clearly on the horizon.

l. 11. *absolues,* 'unconditional,' 'uncompromising.'

l. 12. *actes,* '(legal) instruments,' not Acts of Parliament; *acte* is used in phrases like *acte de naissance, acte d'accusation,* of an authoritative record or some other legal document.

l. 22. *sans réplique,* 'admitting of no reply.' *Réplique* is more limited in its use than *réponse;* as a legal term it means the rejoinder to a reply; in ordinary language it means a reply to an argument, remonstrance &c., not to a question. In theatrical language it means the 'cue,' the final word of a speech of one actor, which tells the next when to begin.

l. 24. *lui aussi, E.B.* 43 (2).

l. 28. *une déclaration,* the Declaration of Right, drawn up by a committee of which Somers was chairman.

l. 34. *l'acte du parlement,* 'the proceedings of Parliament,' see above l. 12.

CHAPTER IX.

PAGE 90.

l. 6. *en soi, E.B.* 107. Had *la révolution d'Angleterre* preceded instead of the more indefinite *une révolution,* we should have had *en elle.*

l. 15. *d'avoir été, E.B.* 198.

l. 16. *là,* 'therein.'

l. 18. *Défensive....* Compare with these paragraphs the end of Chapter X. of Macaulay's *England.*

l. 19. *Dans les grandes secousses....* Translate freely 'when a community is shaken by some great convulsion, men are sometimes possessed by a feverish ambition, knowing neither limits, nor control, nor reverence.'

Page 91.

l. 1. *en pouvoir de* is not by itself a French expression, but is admitted here by a sort of attraction to *en droit de*. The ordinary phrase is *à même de*, or *en état de*.

porter la main sur often involves the idea of 'laying violent hands on.'

l. 2. *réformer*. Notice *reformer*, 'to form again,' *réformer*, 'to reform' in the sense of improving.

l. 4. *de chaos, E.B.* 138. Pronounce *ka-o*; the word *cahot* is pronounced exactly like it.

l. 6. *elle*, 'he,' referring to *créature humaine*.

l. 8. *ne tomba point...*, 'avoided such aberrations.'

l. 10. *revendiqua*, from the primitive sense of *vindicare*, 'to claim'; *venger* takes its meaning from the derived sense, 'to avenge.'

l. 11. *positifs*, p. 3, l. 21.

dans lesquels..., 'to which...were confined.'

l. 14. *se tint pour satisfaite*, in English 'was satisfied,' one of the many delicate ways of rendering the shades of meaning of the English passive, *E.B.* 185 a.

l. 15. *rien de moins;* see *E.B.* 129 and 289, the latter for the distinction between *rien moins* and *rien de moins*.

l. 19. *dans des vues de gouvernement régulier*. We put the same idea epigrammatically when we talk of "Her Majesty's Opposition."

l. 22. *s'y mêlaient, E.B.* 147 (1), 185 a. The verb *se mêler* often has a genitive as in *mêlez-vous de vos affaires*.

l. 23. *C'étaient, E.B.* 70.

l. 25. *ils n'étaient pas nés*, a true pluperfect, 'they had not come into existence.' We are very apt to translate *est né* 'is born,' which is rarely correct. Thus in "La liberté est née, en Angleterre, des querelles des tyrans," *est née* means 'sprang.'

l. 30. *eut*, indicative, not subjunctive, because the idea to be conveyed is that both had possessed the merit. *E.B.* 252, Obs. 1.

l. 31. *se rapprochèrent*. *Rapprochement* is often used of reconciliation, or rather of the first steps towards it; it has also the meaning of bringing two things together for the purpose of comparison.

l. 32. *transaction*, p. 7, l. 7.

l. 33. *Whigs et torys*. Notice that these words are treated as common, not proper nouns as shown by the small initial letter of *torys*. The article is omitted as in *E.B.* 24.

CHAPTER IX.

PAGE 92.

l. 2. *y prirent part*, E.B. 147 (1).

l. 3. *On a dit....* This opinion is strongly stated by Thierry in *Dix Ans d'Études Historiques*, pp. 108—128, and especially p. 126. "Cette révolution n'a point été une révolution nationale," because it was directed and completed by those who had everything to gain in position or in pocket from power, not by those whose one concern was to prevent any outrage against "ce qui est éternellement saint, éternellement inviolable, la liberté."

l. 6. *non par l'impulsion...*, 'not at the instance of the whole people and for its benefit.' Here and in the preceding line we must avoid a translation like 'at the instance and for the benefit of the whole nation.'

l. 8. *Remarquable exemple...*, E.B. 19, Obs. 1. Translate 'this is only one example and a remarkable one....'

l. 9. *président à*, p. 8, l. 1.
l. 12. *connaisse*, E.B. 252.
l. 13. *d'un côté*, E.B. 132.
l. 14. *simples*, 'private.'

la participation active..., 'the active and effective participation of the country in its government.' The word *décisive* means, of course, that the final decision rests with the country.

l. 16. *c'est là*, E.B. 71.

l. 20. *Dans l'ordre moral.* We should probably say 'on its non-political side.' Both words are used a little more freely in French than with us; 'moral order' would be too technical in English. *Ordre* is used of the whole set of circumstances, as in Tennyson's line (*Passing of Arthur*)

'The old order changeth, yielding place to new,'

and *moral*, generally opposed to *physique*, covers all that has to do with men's habits, thoughts and feelings; see p. 62, l. 13.

l. 28. *menée à fin*, 'carried through'; *à bonne fin* is more usual. *Préparée* might be rendered 'organized,' though it more strictly means 'led up to.'

l. 33. *ont su*, 'succeeded.'

PAGE 93.

l. 2. *manqué de chefs*. E.B. 122 and App. II.
l. 4. *hiérarchie* (*h* aspirated and *ch* pronounced as in *chemin*)

properly means 'sacred government' and is applied to the various grades of ecclesiastical dignitaries and especially to the several orders of angels, "Thrones, Princedoms, Powers, Dominions," as Milton calls them. Thence it passes to its common use, as here, of any society in which there are gradations of ranks.

l. 7. *hommes d'ordre*, freely 'the friends of law and order.'

l. 10. *fonder*, 'to establish' rather than 'to found.' See p. 42, l. 32.

l. 14. *Ce n'était pas trop de*, *E.B.* 135, Obs. Freely 'Nothing short of all this union and this power could have ensured its success.'

l. 17. *troubles;* avoid the corresponding English word and see p. 15, l. 16; perhaps we might say 'into a most unsettled condition.'

l. 18. *Deux ou trois....* We should throw this and the next sentence *déjà le...* into one; 'within two or three years....'

l. 21. *peu de goût*, 'distaste,' goes with *pour les mœurs*.

l. 22. *qu'il cachait peu;* render by an adjective 'ill-concealed,' or 'unmistakeable,' as *peu* is often used (by a figure of speech called Litotes) for a strong negative.

l. 23. *son intimité...*, 'the way in which he reserved his confidence for a few old Dutch friends and lavished his favours on them.'

l. 24. *amis hollandais*, Bentinck, Zulestein and Auverquerque.

l. 29. *l'esprit de parti* 'party-spirit'; do not take *aristocratique* with *parti*.

l. 30. *le jeu*, not, of course, 'the game of politics,' but like *fonctionnement* 'the working,' *jouer* being often applied to the working together of the parts of a machine. Rousseau speaks of *le jeu de la machine politique*.

l. 31. *à peine formés*. William began by taking his ministers from both sides. His first homogeneous ministry, formed on modern principles from one party only, was the famous Whig Cabinet of 1693, the suggestion of which was due to Sunderland. See Macaulay, Chap. XX.

PAGE 94.

l. 4. *disposer de*, 'have the control of.'

l. 9. *plus qu'il ne convenait.* We say 'more than suited,' omitting 'it'; this cannot be done in French.

l. 11. *de plus en plus engagée dans*, 'more and more deeply committed to.'

l. 12. *ce même prince*, 'the very prince.'

CHAPTER IX.

l. 22. *il pourrait bien*, 'it was quite possible that he might,' or conversationally 'he *might*.'
se retirer en Hollande, at the beginning of 1690.
l. 25. *à quel point...nécessaire*, 'how necessary,' *E.B.* 322.
l. 26. *entouraient*, 'beset.'
l. 29. *ses exigences de guerre*, 'his pleas of the necessities of war,' i.e. his pleas that certain supplies &c. were absolutely necessary for carrying on the war.
l. 30. *ses susceptibilités de pouvoir*, 'his touchiness about the prerogative.'
l. 31. *avaient repris...*, after Tyrconnel's wanton devastations in Ireland, and Dundee's barren victory at Killiecrankie.
l. 32. *n'en...pas moins, E.B.* 142.

PAGE 95.

l. 2. *des correspondants*, including Shrewsbury, Russell (afterwards Earl of Orford), Godolphin and Marlborough.
ménageaient, 'carefully kept up,' 'did not neglect.' *Ménager* often means 'to secure by judicious management' as well as 'to treat tenderly,' p. 7, l. 7.
l. 5. *l'établissement*, 'the settlement.'
l. 9. *la lutte...*, the war of the Spanish succession from 1702 to 1713, ended by the treaty of Utrecht.
l. 18. *tenaient de près*, 'were closely connected with.' For *de près* see *E.B.* 138.
l. 22. *se croire des chances, E.B.* 144, '...to believe that they had a chance.'
l. 25. *Sous* is the usual preposition with *règne*.
l. 30. *la préoccupation dominante*, 'the chief interest.'
l. 33. *ne se sentait*, 'did not feel that it had,' cf. l. 22 above; it is a little different from *ne sentait*, 'did not feel.'

PAGE 96.

l. 1. *se déplaisaient*, 'felt uncomfortable.' The verb is used even of animals which do not thrive in a particular locality.
l. 3. *ancien petit État ; petit État* is practically one word, so that the adjectives have not to be coupled by *et*. Hanover, of course, is meant.
l. 8. *La domination mobile*, 'the shifting ascendancy,' i.e. authority passing rapidly from one to the other, goes with *des partis*.

l. 9. *factices*, p. 56, l. 7.

l. 12. *se reproduisaient* means more than 'were repeated.' It involves the idea of conspiracy breeding conspiracy.

l. 16. *l'humeur critique*, not 'a critical mood' but 'cavilling ill-temper,' something like what we call a dyspeptic view of things. See p. 41, l. 17.

l. 18. *se séparer*, 'to drift away.' For the moral tone of the time, see Green's *English People*, Chapter X, beginning.

l. 21. *put pénétrer*, E.B. 182, Obs. 3 or say 'succeeded in making his way.' The date was 1745.

l. 23. *on se demandait*, 'people were asking each other,' 'were wondering.' Remember that *se demander si* is the equivalent of 'to wonder whether'; *s'étonner* &c. must be avoided when 'if' follows.

s'il n'entrerait pas. Remember that a conditional after *si* is only possible when it means 'whether,' E.B. 276.

l. 24. *dans*, E.B. 159 a (2).

l. 25. *en en chassant...*, 'when he drove his grandfather from that city.'

l. 27. *merci*. For gender see E.B. Acc. 45. The original gender is feminine from the Latin *mercedem*, and the original meaning is 'favour.' The masculine meaning 'thanks' came from the constant use of *grand merci* (it is a great favour) in thanking people. It will be remembered that *grand*, coming as it does from a Latin adjective of two terminations, has no feminine inflection in older French, E.B. Acc. 9, note.

un accès..., 'a fit of popular ill-temper.'

l. 28. *coup de main*, 'a sudden attack.' It may also mean 'a helping hand.'

l. 33. *la forte organisation*. M. Guizot draws rather a fancy picture of the resistance to the Young Pretender. The government had no widespread disaffection to deal with, but the support it received from the public was rather lukewarm.

PAGE **97**.

l. 6. *que leur inspirait*, E.B. 144, Obs. 3.

l. 7. *ne plus...que*, E.B. 288, Obs. 3.

l. 13. *qu'ait couru*, E.B. 252.

l. 15. *aussitôt avortées...*, 'no sooner conceived than they were nipped in the bud.'

CHAPTER X.

l. 16. *Il fallut à l'établissement...*, 'the settlement of 1688 required.'

l. 18. *épreuves,* 'probation.'

CHAPTER X.

PAGE 98.

l. 1. *régnait,* 'had been reigning,' *E.B.* 169 a. The date of the Declaration of Independence was 1776, and the war lasted from 1775 to 1782.

l. 7. *d'égal à égal,* 'on equal terms'; *d'égal* alone is often used in the same sense.

l. 9. *le seul,* 'the mere' or 'simply by the development.'

l. 12. *Jamais grandeur,* *E.B.* 27 a.

l. 13. *si peu chèrement,* 'so cheaply,' though *cher* is used adverbially with *acheter.* Notice that French has no single word answering to our 'cheap,' but uses phrases like *à bas prix, à bon marché* &c.

l. 15. *l'éloignement,* 'the absence.' The original sense is 'removal,' but it often means the result of removal, 'absence' or 'distance.'

l. 18. *morales,* see p. 62, l. 13, p. 92, l. 20.

fait, 'contributed to.'

l. 20. *sont entrés,* 'entered,' a true past indefinite. The writer has not yet commenced the connected record of events, but is making a general statement about them. Two or three lines further on (*réclamaient* &c.) he begins to pause over the state of things at the time to which *sont entrés* refers, and uses the imperfect.

l. 23. *des garanties...,* especially the principle that there should be no taxation without representation.

PAGE 99.

l. 2. *jadis,* 'formerly,' from *jam-dies,* 'it is now days since.' The *s* is sounded.

l. 3. *la mère patrie,* an exception to the rule (*E.B.* 3) that nouns used as adjectives follow the nouns they qualify. We find *la reine mère, l'idée mère,* but *la mère patrie, la mère montagne.*

violences, 'acts of violence.'

l. 4. *leur résistance* i.e. the resistance of the United States. Say 'their own' as in English 'their' might refer to Parliament.

l. 5. *à vrai dire*, E.B. 206.

l. 6. *ils se donnaient.* We must render a little freely, 'in order to gain their independence they were imposing on themselves the task of carrying on a war......and of founding a central government.' For *à soutenir* see *E.B.* 207.

l. 11. *quotidiennes*, pronounced *kotidiennes*.

l. 14. *dans les maximes*...freely 'in the organization of the functions of sovereignty and the principles on which they were based.' *Maximes* has a wider meaning than our word *maxims*, and includes all general propositions put in the form of rules of conduct. *Pouvoirs publics* is best understood by remembering that it includes *pouvoir législatif* and *pouvoir exécutif*; power personified is rendered by *puissance*, as *les grandes puissances de l'Europe*.

l. 17. *du passé*, 'for the past,' *E.B.* 124, Obs. 4, but *aux lois* above *E.B.* 152.

l. 21. *fédéral.* The chief instances of federal government are the Achæan league in ancient times, and Switzerland and the United States in modern times. "The essential principle involved in confederation is that it is a union of *sovereign* states. With a view to the common interests of all, they agree to abrogate certain functions of sovereignty in their separate capacity, in order that these may be jointly exercised for the common good by the body which they concurrently invest with such sovereign functions; but all other sovereign rights are reserved." *Encycl. Brit.*

l. 23. *à coup sûr*, a metaphor taken from gambling; *un coup sûr* is the act of playing a card or throwing the dice with a certainty of success.

l. 27. *choque*, 'is repugnant to' is a rather better translation than 'shock.' M. Guizot was thinking of the Republic of 1848. He had been Louis Philippe's Prime Minister for some years before his fall. He took refuge for a time in England, and on his return to France did his best to bring about a monarchical restoration.

l. 32. *ne firent qu'accomplir*, 'only carried out,' *E.B.* 288 a (2).

PAGE 100.

l. 1. *ne fut pas plus*, not the same as *non plus*, nor as *ne...plus*; *plus* going with *troublé*.

l. 3. *déplacement des influences*, 'transfer of power from class to class,' such as took place in the English Civil War, where the power exercised by the nobility and gentry passed, for a time, into the hands of men sprung, for the most part, from the middle classes.

l. 6. *considérables*, 'important'; avoid the English word 'considerable' which simply means 'great,' as indeed the French word often does.

l. 12. *du XVIIIme siècle*, i.e. of Voltaire, Diderot &c.

l. 15. *envahissaient...complètement*, 'gained complete possession of,' 'thoroughly imbued.' *Envahir* is used of a flood or a fire overspreading a district or a group of houses. *Atteignaient* may be rendered 'infected,' p. 2, l. 5.

l. 17. *dernières conséquences*. We should say freely 'legitimate conclusions,' *conséquence* being really a logical inference.

l. 19. *admirateurs des philosophes français* is used as an adjective to *Américains*, E.B. 37.

l. 22. *soumise*, 'obedient,' 'submissive,' just as in Latin *invictus* means 'invincible,' *incorruptus* 'incorruptible.'

l. 29. *emportent...*; it is well to remember the date of the book 1850, just after 1848, the 'year of revolutions.'

l. 31. *tout ce que...*, E.B. 129.

PAGE 101.

l. 3. *se déploient*, 'manifest themselves.'

l. 8. *parti démocratique*. The characteristic of the democratic party in the United States has always been the tendency to assert the rights of the individual States as against the central government. Before the great war its policy was mainly directed by the Southern slave-holding aristocracy.

par excellence, exactly in the sense we have borrowed.

l. 10. *tutélaires*, especially applied to *ange tutélaire* 'guardian angel.'

l. 12. *Fasse le ciel*, E.B. 181.

l. 13. *qu'ils ont...*; *ils* refers to *les principes d'ordre et de conservation*.

l. 19. *souveraines*, 'supreme.' See p. 2, l. 20.

fait le sort, 'determined the destiny.'

l. 21. *entre les trois*...a little more idiomatic than *le plus éminent des trois*.

l. 22. *il avait l'esprit...*, E.B. 15 (3). Translate ' his mind was... ...and he possessed a vigour....'

NOTES.

l. 23. *juste*, 'well-balanced'; it has nothing to do with justice, but is used in the same sense as in *une oreille juste*, *un coup d'œil juste*.

l. 24. *rebutait*, 'daunted,' 'discouraged.' It also means 'to reject,' generally with disdain.

l. 28. *à gagner ou à dominer* go together, opposed to *à organiser et à conduire*.

l. 31. *déchaîner*, 'to hound on,' literally 'to let loose.'

l. 33. *de secousse en secousse*, 'by a series of convulsions.' One is reminded of the line in Tennyson's *Œnone*,
 "To push thee forward through a life of shocks."

PAGE 102.

l. 1. *était et demeura*, a good illustration of the way in which verbs like *demeurer* can be used in the past definite (*E.B.* 171). The imperfect *était* implies *indefinite* continuance; *demeura* is limited to a definite time.

l. 3. *en* put before *savait* because of the two infinitives *respecter* and *pratiquer*. Perhaps a different form of sentence might have been more lucid.

l. 4. *Que ce fût*, 'whether it was,' *E.B.* 277 (2).
 le tort, 'the fault'; *le vice* perhaps 'the weakness' as in *le vice d'un raisonnement*.

l. 12. *asservir*, 'to master'; it is not conjugated like *servir*, *E.B.* Acc. 113; *faite*, 'brought about.'

l. 16. *a échoué*, 'failed,' *E.B.* 184; *a* not *est* because the action is meant, not the resulting state.

l. 17. *C'est que*, 'it was because,' 'the reason is that.'

l. 19. *ils n'ont jamais*... requires a good deal of turning, "they never sought, nor did circumstances ever create for them, the fatal position of having first the outrages of anarchy as their stepping-stone to power, and then the outrages of despotism as a condition of retaining it." One is reminded of Gray's lines,
 " Forbade to wade through slaughter to a throne
  And shut the gates of mercy on mankind."
The first of the two lines answers to *violences anarchiques*, the second to *violences despotiques*.

l. 21. *Ils se sont trouvés...* 'from the outset they were placed, or they placed themselves, on the natural lines of government, and under the conditions which ensure its permanence.'

CHAPTER X.

l. 26. *fût*, because *il est puéril de croire* is virtually negative, *E.B.* 239.

l. 30. *la complicité*, 'a share of the responsibility,' *en*, 'for it'; *repousser*, 'to repudiate.'

y encourager. It is rare to put *encourager à* without an accusative of the person. Moreover the want of symmetry in *sans y encourager* and *en en protégeant* is not very elegant.

PAGE 103.

l. 1. *l'équilibre européen*, 'the Balance of Power in Europe.' The first attempt to attain the Balance of Power was made by Henry IV. and Sully in 1603, but it came to nothing. The idea played a considerable part in the three great settlements of Europe by the Peaces of Westphalia (1648), Utrecht (1713) and Vienna (1815).

l. 2. *d'un grand dessein*, instead of direct object after *faire*.

l. 3. *Il avait la passion de ; de* is generally used in such phrases, *avoir la passion de la botanique*, 'for botany,' *des richesses* &c.

l. 5. *perspectives* is often used of a distant view, without any reference to its scientific meaning.

l. 7. *il avait l'esprit*, see p. 101, l. 22.

l. 12. *recueillir*, supply *il voulait;* the combination of the two constructions is a little clumsy.

Glorieux..., begin with Washington in English.

l. 20. *ne se permit...aucune complaisance*, 'made no concession.'

l. 23. *il disait*. The case specially referred to is the treaty negotiated with Great Britain in 1794, which contained some provisions very unpalatable to the States, and which was carried through by Washington against very strong popular feeling.

l. 26. *d'autant plus...*, *E.B.* 272, Obs. 2.

www.ingramcontent.com/pod-product-compliance
Lightning Source LLC
Chambersburg PA
CBHW031818220426
43662CB00007B/695